基督教文化研究丛书

主编 何光沪 高师宁

二编 第 4 册

转向：走在成圣的路上
——加尔文《基督教要义》解读

孙 毅 著

花木兰文化出版社

国家图书馆出版品预行编目资料

转向：走在成圣的路上——加尔文《基督教要义》解读／孙毅
著 -- 初版 -- 新北市：花木兰文化出版社，2015〔民105〕
目 2+172 面；19×26 公分
（基督教文化研究丛书 二编 第4册）
ISBN 978-986-404-513-6（精装）
1. 加尔文（Calvin, Jean, 1509-1564）2. 学术思想 3. 神学
240.8   105001925

基督教文化研究丛书
二编 第四册

ISBN：978-986-404-513-6

转向：走在成圣的路上
——加尔文《基督教要义》解读

作　　者　孙　毅
主　　编　何光沪 高师宁
执行主编　张　欣
企　　划　北京师范大学基督教文艺研究中心
总 编 辑　杜洁祥
副总编辑　杨嘉乐
编　　辑　许郁翎
出　　版　花木兰文化出版社
社　　长　高小娟
联络地址　台湾235 新北市中和区中安街七二号十三楼
　　　　　电话：02-2923-1455 ／传真：02-2923-1452
网　　址　http://www.huamulan.tw 信箱　hml 810518@gmail.com
印　　刷　普罗文化出版广告事业
初　　版　2016 年 3 月
全书字数　154725 字
定　　价　二编 11 册（精装）台币 20,000 元

转向：走在成圣的路上
——加尔文《基督教要义》解读

孙毅 著

作者简介

孙毅，北京大学哲学系哲学博士。现为中国人民大学哲学院副教授，佛教与宗教学理论研究所专职研究员。主要研究领域为新约神学、宗教改革以及现代基督教神学思想。已经发表的著作有《个体的人》，《圣经导读》。发表的论文有"论祁克果罪的理论"、"论新约的死亡观"、"论加尔文的良心观念"，等几十篇。主要教授的课程有"基督教思想史"，"基督教经典选读"，"圣经研究"等课程。曾赴加拿大不列颠哥伦比亚大学维真学院、芬兰赫尔辛基大学神学系、美国加尔文学院进修学习。

提　　要

　　本书基于基督教在中国发展的现实处境，围绕一些重要的主题对加尔文的《基督教要义》进行解读。《基督教要义》是加尔文集毕生的信仰实践不断修订而写成的一部书，虽然出版已有近五百年，但对今天中国处境下基督信仰实践遇到的问题仍然是非常有用的思想及灵性资源。本书考察了加尔文早年的思想转向，以及他写作这本书的历史背景及思想方法。特别是围绕人们今天所关心的一些问题，如他的人论思想、律法的观念、基督徒的生活、良心的自由、预定论、教会论及政府论等思想的特色，进行了比较深入的探索，并且致力于寻求这些思想对于中国处境下的实践具有的启发与意义。本书认为，加尔文的思想既传承了西方大学的智识传统又继承了教会的灵性传统，是这两种传统的很好结合。所以加尔文的思想不只是在教会领域产生重要的影响，形成了改革宗传统，同时在西方社会迈向近代的过程中也发挥了巨大的作用。由于加尔文思想自身的这种特点，本书所探讨的这些主题不仅对教会领域的神学研究有意义，相信对于社会思想领域中一些问题的探讨亦会有所帮助。在汉语学术界中，本书是首部就加尔文《基督教要义》进行专门研究与解读的专著，相信会更进一步地推动学术领域对这本书的研究。

目

次

导言：加尔文及其《基督教要义》

一

在中国大陆，当有人提到加尔文的名字时，常会看到对方一脸茫然的问道："你说谁？你是在说达尔文吧？"确实在中国大陆人们更熟悉达尔文而不是加尔文这个名字。就是多少了解一点加尔文的读者，多数也是通过大陆流行的著名作家茨威格（Stefan Zweig）的一本小说《异端的权利：卡斯特利奥对抗加尔文》[1]（*The Right to Heresy: Castellio against Calvin*）而知道这个人的。按照这本书的描绘，加尔文这个极端的宗教保守主义者被描述为是一个日内瓦的暴君，用他的冷酷无情统治着这个不幸的城市。最初看了这本书还以为加尔文是这个城市中拥有很大权力的实权派人物，具有某种可以呼风唤雨的政治地位。后来才知道，在这本书所描述的那段时期，加尔文不过是这个城市的一个流亡者，一个外来的难民，甚至没有"本地户口"（公民身份），因此不可能担任任何政治职务。当时日内瓦的人口登记分三个等级：公民（citoyens，必须出生于本城内，有投票权与各级议会被选权），居民（bourgeois，有投票权但不能进入小议会），寄居者（habitants，无投票权，无被选权）。加尔文与绝大多数法国难民均属第三等身份，一直到1559年（加尔文去世前五年）才只获得"居民"的资格，但一直到他去世也没有投票权。而他能改变其难民身份，主要得益于1555年日内瓦市因经济危机而适量放开对法国移民

1　斯蒂芬·茨威格，《异端的权利》，赵台安、赵振尧译，上海三联书店出版社，1986年。

的居民注册，由此才算给了他一个机会。作为一个被聘而可以随时被解除合同的牧师，被施予的待遇不过是提供住房一套，勉强维持生计的日常用品（没有工资）。因此现在看茨威格的这本书，从严肃的学术角度看，这种描述"必须被看作是缺少任何基本的历史基础，不符合起码的历史事实，乃是基于对日内瓦政权体制及其决策程序的完全不了解。"[2] 因此对加尔文的描绘多少带着作者作为小说家所发挥出来的想象力。

加尔文 1509 年出生于法国的诺瓦永，曾受过极好的人文教育，1534 年完成了法学博士的学习。由于卷入巴黎的宗教改革事件遭到当时政府的通缉，于 1535 年流亡国外并终身成为一个流亡者。1536 年由于出版《基督教要义》而成名。1537 年第一次受聘日内瓦协助宗教改革失败而遭驱逐。1541 年第二次受聘日内瓦，成为日内瓦教会的牧师，直到 1564 年去世。临去世前几年他被日内瓦市议会授予荣誉市民身份。

加尔文究竟是怎样的一个人？在某些加尔文专家看来，单纯地用"神学家"来描述他是远远不够的。因为今天的神学家既是在教会中被边缘化的人物，也是在学术及社会思想领域中被看作无足轻重的人。加尔文显然不是这种意义上的神学家。作为第二代的宗教改革家，他对基督新教基本教义的理解及系统概括，成为新教中影响最大的一个宗派——改革宗教会——的教义核心，而这个宗派对于西方社会的政治、经济、科学等多个领域产生了重要的影响。因此他的宗教改革思想一方面确实是为教会所思所写，但又并非仅仅属于教会，好像与当时的学术思想领域无关。相反，在许多研究加尔文的专家看来，加尔文宗教改革思想的影响已经超出了教会，影响到当时的思想领域，而且在实践上，直接推动了西方社会进入现代的社会运动，并因此在多个方面塑造了现代西方文明的形态。

虽然加尔文著述繁多，但他的著述基本上可以分为四类：《基督教要义》（在本书中简称《要义》）；多卷本《圣经注释》；多卷本《圣经讲章》；多卷本其他著述。《要义》由于被看作是他神学思想的系统阐述，因而在他的思想体系中占据着重要的地位。

---

2 麦格拉思，《加尔文传——现代西方文化的塑造者》，中国社会科学出版社，2009年，序言。

二

加尔文在经历了其灵性的"转向"后，开始投身于宗教改革。不过，他投身于宗教改革与他后来到巴黎接触并加入到一个人文学者构成的小圈子有着密切的联系。当时意义上的"人文学者"基本上还是忠于其宗教信仰的具有信徒身份的学者。因此这个小圈子中的一个重要成员科布当时可以被任命为巴黎大学的校牧（也译为校长）。1533 年 11 月 1 日科布在其就职讲演中，表达了对路德在德国推动宗教改革的认可、以及在法国鼓动宗教改革的勇气。这给巴黎的政教当权者带来很大的恐慌，使法国政府对法国境内的宗教改革施行了严厉限制的态度。科布与加尔文都不得不逃离巴黎，四处躲藏。加尔文乃是由于被认为与科布的讲演稿有关联而被牵涉其中的。可能就是在这一段时期，即 1534 年他还在法国时，加尔文写作了《要义》这本著作的第一版手稿。

1534 年 10 月 18 日发生的标语事件，即在大街上、公共建筑物甚至皇宫里出现了反对天主教的传单，使法国国王开始对改革派采取更为严厉的措施。不少人被捕并被施予火刑，其中包括加尔文的一些朋友。于是加尔文在 1535 年 1 月逃离法国到了巴塞尔，试图在那里找到一个可以安静研究的地方。到达巴塞尔后，加尔文开始把大部分的时间用在这本书的写作上，直到 8 月 23 日完成这部著作。

这期间写作的背景中，有两件事情值得提一下，因为它们在相当程度上影响到加尔文对这本书的写作，帮助我们了解他写作这本书的动机。一个是这年的 2 月加尔文记录下来的一份政府报告，指控被政府所通缉的宗教改革者都是"重洗派以及试图推翻政府的人"。按照他在 22 年后所写的《诗篇注释》序言中的回忆，他如此地描述了当时的处境："当我隐居于巴塞尔时，只有少数人知道的情况下，有许多忠心与圣洁的人却在法国被烧死"。据说当时法国有一种可以摇摆的火刑架，使死囚缓慢地被烤死。但最让加尔文无法忍受的是心灵而不是身体受苦所遭到的屈辱："一些邪恶与欺骗的传单，声称没有人被处以此极刑，被烧死的都是重洗派与叛乱份子"，作为一位法学者，他怒斥"法庭的措施是何等无耻"，并且立誓说："我当时就看见，除非我尽一切的方法来反抗他们，否则我的沉默将使我无法逃脱懦弱与奸诈的罪名。" 就是在这种背景下，1535 年 8 月 23 日，他写完出这本书的序言——给法国国王法兰西斯一世的信。那一年他 26 岁。

二是当时法国的红衣主教杜普拉（Cardinal Duprat）在那年 7 月去世后，法国政府正式邀请了墨兰顿（Melanchthon）和布塞尔（Bucer）两位宗教改革家来巴黎作宗教改革的顾问，并重开了两年前开始却一度中断了的与路德宗的会谈。但与宗教改革者的合作与会谈于 1535 年 8 月 28 日宣告终止。而对于法国的宗教改革者来说，他们极度盼望法国政府能够有一个稳定和开放的宗教政策。这个背景使加尔文的这本书同时具有向当权者申明宗教改革之基本信念的含义。

当 1536 年 3 月这本书在巴塞尔出版的时候，就像那个时代所有拉丁著作一样，它有一个很长的书名。它封面上的拉丁书名可以翻译为：

> 基督教要义，包括几乎一切敬虔之要义以及一切认识救恩所必须的教义。一本值得所有热诚追求敬虔之人阅读的新作。给法国至高基督徒国王的序言，并且本书呈献给他，以作为信仰的告白。诺瓦永的约翰·加尔文，1536 年于巴塞尔。

从这里看，1536 年第一版《基督教要义》的写作有两个方面的目的：首先，它是基督教教义的一种概要，基本上按照路德教理问答的结构来设计。从这里可以看到路德改教思想对于年轻加尔文的影响；另一方面，也是为寻求宗教改革的追求者们向迫害他们的君王所提出的信仰告白。这方面可以反映出加尔文对于教会所处社会问题的关注。

从内容上来看，第一版《基督教要义》由六章构成，前四章主题与新近出版的路德的教理问答很相似：律法、信经、主祷文、及两个圣礼。第五章涉及到对其他五种圣礼的反驳；第六章讨论到基督徒的自由、以及教会与社会的关系。

1536 年的《要义》在出版一年之后就全部售光。于是他在 1538 年开始修订他的这本书，那时他正遭日内瓦的驱逐，在斯特拉斯堡有一段安静的日子，使他可以有时间修订本书，一直到 1539 年 8 月完成。1539 年版的《要义》由原来的六章扩展到十七章的篇幅，增加了学术思想的份量，以及神学的主题，如对上帝的认识、旧约与新约的相似及差别、预定与护理、以及基督徒的生活等。并且，从这一版开始，加尔文谈到他修订这本书的一个重要目的就是：作为"让准神学生用来预备自己研读圣经"的参考书（作者前言）。

1543 年，《基督教要义》出版了第三版。这次加尔文又增加了四章的内容，使这本书变成了 21 章。这个版本于 1550 年及 1553 年再版时只是调整了个别的段落，篇幅和内容并没有增加。不过，到目前为止，加尔文对这本书还一直没有达到满意的程度。在他的后半生中，尽管他由于极度的劳累，身体常处在发烧状况，他还在努力地对其进行修订，直到 1559 年出了这本书的最后一版。这一版从篇幅上比上一版增加了百分之八十，从原来的 21 章增加到了80 章。在 1559 年拉丁文版的封面上，这本书的书名是这样写的：

> 基督教要义，首次排成四卷本并极为实用地根据确定的标题划
> 分了章节，篇幅和内容大大增加几乎可以视为一部新著

这个 1559 年版的《基督教要义》就是我们今天看到的这本书的最后形式。

三

了解加尔文为什么给他的这本著作起名为 *Institution of Christian Religion*（《基督教要义》），可以帮助我们更好地理解他这本著作的主旨与结构。

我们今天所译为"要义"的这个拉丁字："institutio"，它的字面含义有"教导"、"指南"、"指导"之义。在加尔文之前，许多拉丁作家都喜欢使用这个字作为自己著作的名称。距加尔文最近的两个著名思想家，伊拉斯谟（Erasmus）和布代（Guillaume Budé），都对加尔文有着重要的影响。伊拉斯谟的 *Institutio principis Christiani*（《基督徒君王指南》，1516）一书，在当时是极为流行的一本书，其中的主题就是对基督徒君王的教育或者道德指导。布代的 *L'Institution du prince*（《君王指导书》，1516）一书其实谈论的也是相似的主题。

所以，可以有较好的理由推测加尔文是在这两位思想家的所使用这个词的语境下来使用这个字的。如此，中文译为"要义"的这个字，如果之前我们的误解是：基督教教义的要点，那么更恰当地理解是：信仰生活的指导书。这与 *Christian Religion*（很容易被理解为"基督教"）的理解也能够联系上。在当时的拉丁语境下，*Religion* 既可以理解为我们今天意义上的"宗教"，但在更直接的意义上也可以理解为"敬虔"。加尔文在他的这本书中常把信徒称为"敬虔之人"。因而他这本书的主题，由其名称引来的一个可能理解，就是"基督徒敬虔生活的指导书"。

加尔文在写作这本书时，他的直接动机并不是想写成一本我们今天所理解的"系统神学"的教材，或者有意地构造了一种教义体系。在 1536 年版的标题中，这本书就被描述为"包括几乎一切敬虔之要义"。其实从内容上来看比较接近于一种教理问答手册，试图更为贴近信徒的实际生活。不仅结构上

比照了路德的教理问答，形式上也被设计成一种版本较小而可以直接放在口袋中的生活指南。

但到 1539 年版的时候，他的更基本的目的被表述为："让准神学生用来预备自己研读圣经"。（作者前言）就是说，如果基督教的敬虔生活是建立在圣经的基础上，那么，加尔文的这本书是关涉到"研读圣经"的一本导论。如果我们今天区别系统神学与圣经神学，那么，在加尔文的时代，加尔文并没有把自己划在系统神学的行列，不如说他更像是一位圣经神学家。他的主要著作是几十卷的圣经注释。但在他开始这个庞大的终生性的计划之前，他打算用一本导论性的书来专门讨论圣经中与救恩有关的一些重要主题，使得敬虔之人在研读圣经时，不至为不能够充分了解这些神学的主题所苦恼。同时从方法上，他也可以避开他之前墨兰顿进行圣经注释时所存在的、在他看来也可以避免的一些问题：即时常会离开正在注释的经文，而就某个主题进行大段的讨论。所以在这个意义上，加尔文的《要义》是一本圣经注释的导论，未来之一系列圣经注释著作的导论，目的是为了让他的读者能够因此更为深入地进入到圣经的主题及其真理之中。

了解到这个背景，我们就可以理解在他的这本书中，何以会有大量的圣经引文。加尔文不是一个创造体系或系统结构的神学家，他的神学讨论是围绕着圣经的主题、为了更好地理解圣经而发展起来的。当然，这并不意味着《要义》没有任何的结构，不过，这种结构并不是纯粹逻辑地构建起来，而是有着他注释圣经的某种历史的偶然性：《要义》的四卷结构与他首先进行的《罗马书注释》有着紧密的关系。只有在与《罗马书注释》相平行的对照中，我们才能够理解加尔文何以会在其第一卷中首先讨论"认识创造天地万物的神"。总之，加尔文的这本书并不是严格地按照某种系统神学的逻辑结构建立起来的。如果说第一版《要义》还有某种教理问答的内在结构，那么在随后的修订中，尽管加尔文可能也想尽量地使其中的各个部分相互关联，但我们要看到，使各部分相互关联起来的主要线索是他对圣经、特别是《罗马书》的注释。

四

加尔文的这部著作出版已经数个世纪，其在历史上曾经影响了无数的人。今天它对我们这个时代的人还会有影响吗？还会在哪些方面对现代的人产生影响？当然，这是个仁者见仁、智者见智的问题。并且《要义》本身讨论到的主题也极为多面，这里只能列举几个方面，以让我们一窥这个思想矿藏的丰富。

加尔文在《要义》第一卷 1 章 1 节的开篇就说："我们所拥有的一切智慧，也就是那真实与可靠的智慧，包含了两个部份：认识神和认识自己"。这句话可以用来回应人类思想所追求的最古老的问题：什么是智慧？苏格拉底对于这个问题的回应是，智慧就是对人的认识，而认识人表现为人认识自己。加尔文回应的要点在于：要认识人，不只是人要认识自己，同时人还要认识神。认识神是人认识自己的前提。当然反过来，认识人——更广义地说认识神所创造的世界——也能够让人在一定程度上认识到上帝的存在。

在这个方面，加尔文并没有一概地反对所谓"自然神学"，而是继承了保罗《罗马书》中一章二十节的思想："自从造天地以来，神的永能和神性是明明可知的，虽是眼不能见，但藉着所造之物就可以晓得，叫人无可推诿。"当然，这里所造之物，如果从更广泛的意义上讲，不只是包括了今天意义上的自然界，还包括其中的人类，特别包括人内心的良知，以及由被造之人代代更迭所形成的社会历史。虽然上帝是人眼所不能够见的，但借着他所创造的有形的世界，人还是可以多少认识到他的永能与神性。这表明加尔文充分继承了犹太-基督教思想中将上帝看作是创造者这个重要的传统。对加尔文来说，上帝既是创造者，同时也是救赎者，并且他愿意会花第一卷整卷的篇幅来探讨这位作为创造者的上帝。这把他与路德区别开来，因为路德看到的更多是一位作为救赎者的上帝，那位钉十字架的上帝（即耶稣基督）。认上帝是这个世界的创造者，就是把他看作是这个被造世界的主人，对当下我们所生活在其中的这个世界拥有主权。这对于今天理解教会与这个世界的关系显然是十分重要的。从神学思想的角度来，也让人们对于现在神学家们，如巴特与布鲁纳之间，所产生的"自然神学"之争，有一个思考的起点。

这个方面，加尔文有一个让人印象深刻的比喻：整个宇宙是彰显上帝的舞台，而我们这些生活在地上的人，不过是这个宏大剧院中坐着的观众而已。[3] 当然，加尔文随后补充说，由于人的罪性，人在观看这个舞台上的表演时眼前已经显得模糊不清；要想看的更清楚，还需要戴上圣经这个眼镜帮助我们。

---

3 加尔文，《要义》，I，6，2。中译文见钱曜诚等译，孙毅、游冠辉修订，《基督教要义》，北京：三联书店，2010 年。除特别标明，本书中《要义》的引文均出自此中文译本，下面只标出《要义》的卷、章与节数。

加尔文非常好地把握住了自然神学的限度：它只是让人们对这位上帝的存在有某种模糊的认识，人们要想认识上帝更需要依靠圣经。为此，他给我们描绘的另一个让人印象深刻的比喻是，理性借着被造之物对上帝的认识，有时确象一道闪电划过我们黑暗的（由于犯罪而已经落入其中的）思想的夜空，但这种闪光也只是一瞬而已，很快就被浓厚的黑暗所吞没。[4]

尽管在神学思想层面，探讨作为创造者的上帝有很多可能争论的方面，但在加尔文那个时代，这个思想却为近代的科学提供了一个最为基本的动机：研究这个世界以便让自己的眼睛看到最为智慧的上帝的荣耀。在《要义》中加尔文如此说：

> 为了让人有获取幸福的机会，神不但在人心里撒下我们所说宗教的种子，也在创造宇宙的完美上天天启示祂自己。因此，人一旦睁开眼睛就不得不看到祂。……无论你往何处看，宇宙中神荣耀的点点火花随处可见。你无法一眼看透宇宙这无比宽广和美丽的体系，故而不得不叹服其明亮的荣光。希伯来书的作者绝妙地说：宇宙并不是从显然之物造出来的（来 11：3），他的意思是，宇宙如此井然有序地运行，宛如一面镜子，叫我们思想到那位肉眼看不到的神。……无论是在天上或在地上，都有无数证明神奇妙智慧的证据；不只是那些研究天文学、医学、或一切自然科学深奥事情的专家，就连那些没有受过教育和最无知的人也睁眼可见这些证据，以至于他们一旦睁眼便不得不为此作见证。[5]

这个具有宗教之神圣超越性的动机构成了近代科学最初出现时所需要的一个基本前提：近代科学的超功利性。最初，科学不是为了功利的目的、或者人类征服这个世界的力量而出现的，尽管科学的研究成果后来确实被用在了人类生活的多个方面。牛顿在写给理查德·本特利（Richard Bentley）的信中，向他解释《数学原理》的主旨时，曾这样写道："在我撰写那探讨我们的系统的专著时，我曾着眼于一些原理，它们能促使深思熟虑的人相信上帝的存在。当我发现这本专著有这样的效果时，再也没有什么事能令我如此高兴了。"[6]

---

4 加尔文，《要义》，II，2，18。

5 加尔文，《要义》，I，5，1-2。

6 转引自麦格拉思，《加尔文传：现代西方文化的塑造者》，255 页。

五

相对作为创造者的上帝，加尔文确实用了更多的篇幅来讨论作为救赎主的上帝，而这位上帝乃是与有罪的人发生关联的上帝。

在第二卷中，加尔文一开始就特别涉及到人的全然败坏。这里他所说的"全然"不是指人性（由于堕落）的全然失去，而是指不仅人身体方面的欲望与感受，就是人灵魂层面的理性和意志等也都败坏了。就对人的认识来看，作为一个以上帝的启示为神学思考之基础的思想家，在加尔文看来，其与所有后来的人本主义哲学家的根本区别就是：神学家们从来不避讳谈人性中的罪。尽管圣经同时也让我们看到，由于人是神按照他自己的形象所造，因而每个生命中都有其来自神圣而不可剥夺的价值与权力；但自亚当堕落后，人性深处的罪也是认识人的真实存在所不能够回避的。对于世俗的哲学家们，加尔文的这句话说的十分准确："几乎在每个时代，当有人以最动听的话语公开地赞美人性时，便会大受欢迎。然而，不论这叫人自我满足的赞美如何堂而皇之，却仍然只是自我陶醉罢了。"[7]

正是由于对人的罪性有深刻的认识，使象奥古斯丁、路德和加尔文这样的思想家对人的认识与象亚里士多德这样的非基督教哲学家有一个重要的区别：有人的生存中，特别是在堕落的状态中，人内在的意志所起的作用超过理智所起的作用。对非基督教的哲学家来说，人是"理性的"动物，是理智居支配地位的人。这些哲学家总会下意识地以为"应该就意味着能够"，从而在理智可以支配意志的前提下强调人意志的自由：意志有能力选择理智认为是正确的决定。但加尔文在这一卷中对人的意志败坏的论述更接近于保罗《罗马书》的思想，即人实际上受到束缚的意志已经先行有了某种选择，理智倒是在为意志的选择寻找理由。

关于自由意志的问题，在今天的语境中如果我们作一个区别，可能会帮助我们更好地理解传统神学家与哲学家在这个方面的争论。谈论意志的自由可以在两个层面上发问：意志作为一种内心深处的意愿，在其最初"动念"或者"起意"时，是否可能处在理性的掌握下，即理性有能力使之作出符合善的选择？或许除了理性主义的哲学家（其实出于他们的信念），经过复杂的论证后，可以作出肯定的回答外，普通的人恐怕不会轻易地得出这个结论。

7　加尔文，《要义》，II，1，2。

而传统的神学家都认为，个人里面这种最初的"动念"或者"起意"，在人的堕落情况下是不受人自己理智的控制的。即使人为自己的这种"动念"找到了一种理智的甚至是善意的说明，也可能是后发的、并且只反映了某种以个人为中心的"善"。这个意义上，加尔文与奥古斯丁一样认为堕落人的意志不可能选择善，因此其是不自由的。

但人的意志在第二个层面上是自由的：在动念形成意愿后，个人经过理智的计算与权衡，在两个或数个现实的可能之中作出选择。在这个意义上，传统神学家与哲学家的观点没有区别：人有在不同可能性之间作出选择的自由及能力，人因此要为自己的选择负责。不过，这里已经不再涉及到选择善的问题，因为所有的可能意愿都带着个人中心的色彩，这是靠人不能够超越的，除非是人经过基督教所说的死里重生。加尔文并非在这个层面上讲人自由意志的受缚。

加尔文尽管强调人性的全然败坏，但他主要是在属灵的层面上讨论这种败坏带给人的影响，而没有否定按上帝形象被造的人在世俗的事务中所具有的优越能力。为此，他区别了两类的事，即地上的事（earthly things）与天上的事（heavenly things）。"我所谓天上的事，指对神纯洁的认识、真实义的途径、及天国的奥秘。"对于这些属灵的事情，人的堕落产生的结果就是：人的灵魂已经不能对此有清楚的认识。而所谓"地上的事，我指所有与神及他的国、与真正的义及永世的福无关的事，只与今世有关，并限于今世的范围内。"[8] 如果把这些地上事罗列出来的话，它们包括"政治、经济、机械技术、人文研究"等，人的智力在这些方面仍然具有让人惊奇的能力。这里，加尔文使用了一个重要观念："普遍恩典"。正是在上帝的这种普遍恩典之下，他肯定了人类在科学、艺术、社会管理方面取得的成就。例如在科学方面，他说："主若喜悦我们在物理学、修辞学、数学，以及其他学科上，借不敬虔之人的成就和劳力得到帮助，那么我们就当使用这些帮助。我们若忽略神在这些学科上白白赏赐人的才能，我们理当因这种忽略受罚。"[9]

六

提到加尔文，我们许多人首先想到的是他的预定论的教义。但如果我们要在他的《要义》中去看他是怎么说的，则要等到第三卷结尾时才能看到他

---

8 加尔文，《要义》，II, 2, 13。
9 加尔文，《要义》，II, 2, 16。

对这个问题的讨论。再看一下他讨论这个问题的语境就会发现，在进入到预定论的主题前，他用了五章的篇幅论述了基督徒生活的特征：操练舍己、背负十架、默想永世（三卷 6 到 10 章）；接着他又讨论了称义与恩典的主题（三卷 11 到 18 章），然后又讨论了"基督徒的自由"（三卷 19 章）。在这种语境之下去看本卷 21 到 24 章所讨论的预定的主题，我们是否会感到其中有些"逻辑上"的矛盾？如果基督徒每天要如此殷勤地通过操练舍己、背负十架、默想永世来让自己在生命及善行上日日更新，那么这些信徒是被上帝所预定的意义在哪里呢？反之，如果人们真的相信自己是所预定和拣选的，人又是在什么意义上享受到他被给与的自由呢？其实这更象是现代人思考问题的逻辑。

英国学者麦格拉思（Alister E. McGrath）曾提醒我们，不要把预定论看作是加尔文《要义》的核心或者贯穿的逻辑线索。加尔文在这里只用了四章来讨论这个主题，并且是在讨论完人靠白白的恩典称义、以及在基督里得享自由的语境中讨论的。其实与其说预定和拣选的讨论在这里彰显的是上帝的主权，不如说更彰显的是上帝的怜悯与恩典。有些人对预定论的初步印象好像是它主要是为了突出上帝对一些人的遗弃，但加尔文在《要义》中将其放在第三卷关于"称义与恩典"的论述之后，特别是为了表明此教义的要点在于：预定或拣选显明了上帝的恩典。"除非我们先认识到神永恒的拣选，否则我们无法确信（我们本应当有这样的确信）：我们的救恩是出于神白白的怜悯。神的拣选表现为：神并没有将救恩的盼望赐给所有的人，而是赐给了一些人，同时拒绝了其它的人。而这样做是为了显明他的恩典。"[10] 突出这一点正是为了回应宗教改革的一个基本精神：人的得救取决于上帝无条件的恩典，而与人的任何行为与品质没有关系。路德是以"因信称义"表明人的得救完全是靠恩典，而加尔文则是以预定论来表明这个精神。在加尔文这里，基督徒的自由确实是建立在神的预定的基础上，这也正是他为什么在讨论完"基督徒的自由"这个主题后进入到上帝的拣选与预定这个主题。其实，他想要表达的是：我们在世上效法基督、过一个日日更新的生活正是出于在自由中对上帝的渴慕。而人在这种自由中对神白白恩典的回应，正反映了盟约的两方面含义。

加尔文的预定论思想尽管不是他《要义》的核心，但这个思想确实在他那个时代产生了重要的影响。这个教义不仅在教会内使奥古斯丁所强调的恩典的观念重新成为主流传统，也在很大程度上影响了宗教改革后数代人的社

---

10 加尔文，《要义》III，21，1

会生活。预定论没有给当时的人们，如我们今天所想象的，带来那种消极的宿命论的生活态度，反倒在历史上促成了一种积极的行动的动力。这个方面对现代西方社会的影响特别表现在经济领域。马克斯·韦伯在其具有长久影响的《新教伦理与资本主义精神》一书中，有让人印象深刻的探讨。其实所谓的韦伯命题就是要解释：何以17世纪早期欧洲的经济精英们都是加尔文主义者。他的基本结论是，加尔文对教义的阐释以一种信仰的方式为人们提供了一种心理动力，这构成了现代资本主义得以产生的一个基本前提：资本主义精神。按照韦伯，这种信仰阐释包括了二个方面：预定论及"呼召"的观念。这两个方面在加尔文的《要义》中都有清楚的阐明。

预定论表现出的基本精神是，信徒不是因其行为得救，但其行为却可以成为他们已经得救的结果或印证，可以用来回答"我是否是被神拣选的？"这个基本问题。其中所涉及到的基本逻辑是：承受了恩典而得救重生的人应当有生命的记号，这记号通过可见的行为表现出来，我表现出了这些记号，因此我是被拣选的。

当然，这种生命的见证不主要在于一个人比他人更能挣钱，而在于他在比他人挣了更多的钱后还能够过一个比他人更为节俭的生活，还能够为了社会的公益事业捐献比他人更多的钱。不是前面而是后面的"更加"更能够反映出一个人生命的记号。而这就与加尔文对呼召观念的阐述联系起来："为了避免因自己的愚昧和轻率使一切变得混乱，神安排每一个人在自己的岗位上有所当尽的本分，也为了避免任何人越过自己所当尽的本分，神称这些不同的生活方式为'呼召'。因此，每一个人都有神所吩咐他的生活方式。这生活方式是某种哨岗，免得人一生盲无目的地度日。……总之，你若接受神对你的呼召，你的生命就最有次序。而且，这样也没有人会轻率地越过神对他的呼召。如此，地位低的人会在自己的岗位上毫无怨言，免得离开神所呼召他的岗位。"[11]

这样，加尔文就使世俗的工作，甚至包括为人父母这样的职份，都具有了神圣的或宗教的意义：每个人在自己的生活及工作中所做的工作（或事务），首先是为上帝而做，而不为了老板做；他做这个事务的首要意义是因为这是上帝让他做的事，而不是为了养家糊口或使之成为谋生手段。在宗教改革之前，修士们在修道院中讲"劳动就是祷告"，而现在加尔文则是在世俗的日常生活与工作中突出了"劳动就是祷告"。

---

11 加尔文，《要义》III，10，6

七

第四卷中，加尔文主要讨论了基督徒领受上帝恩典的外在方式：上帝的教会。这个问题上，加尔文在他那个时代必须面对天主教及重洗派对手的两种不同的教会观。为此加尔文在其《基督教要义》中首先强调了有形教会及无形教会的区别："我们在上面已经教导过，圣经在两种意义上用'教会'这词。有时'教会'指的是在神面前的一群人。并且这群人惟独是指神出于自己拣选的恩典所收养的儿女，也就是那些借着圣灵成圣的事工成为基督真肢体的人。这不但包括在世上仍活着的圣徒，也包括一切神在创立世界之前所拣选的人。另一方面，'教会'经常所指的是全世界中那些宣称自己是敬拜独一之神和基督的人。我们借着洗礼被认可拥有对神的信心；借着领圣餐宣告自己与众圣徒在真道上以及在爱上合而为一；我们一同决定遵守神的真道，并一同参与基督所设立的讲道职份。"[12] 加尔文通过强调无形教会的观念，与天主教将教会就等同于地上的建制教会的观念相区别；通过强调有形教会的存在，与重洗派那种将地上无建制的教会就看作是天上的教会观相区别。

按照加尔文，地上真教会的基本标识是："基督的启示帮助我们看见真教会的面貌。我们在哪里看见神的道被纯正地传讲和听从，圣礼根据基督的吩咐被施行，我们就不可怀疑，那正是神的教会（参见弗2：20）。"[13] 这里我们不仅注意到加尔文确认了教会的两个重要的标识，而且我们还注意到他对这两个方面之纯正性的强调："圣道的纯正服侍以及圣礼的纯正施行足以使我们承认某种组织有资格被称为真教会。这原则基要到即使这组织在这两个标记之外有无数的问题，但只要同时具备这两个标记，我们就不能离开她。"[14] 因此，有形教会的基本标识不在于其中是由什么样的人构成，就如重洗派所强调的教会必须由重生悔改之人所组成。在他看来，其中完全可能有一些不属于无形教会中的挂名信徒。从上帝的道及其权威的圣礼来标识有形教会，更接近一种以上帝为中心的教会观。在这个方面，加尔文基本上继承了路德教会观的要旨。

特别是针对重洗派的教会观，加尔文十分强调有形教会的组织秩序性。对于加尔文来说，只有那些不太明白圣经真理的人才会倾向于否定教会的组织秩

---

12 加尔文，《要义》，IV，1，7。

13 加尔文，《要义》，IV，1，9。

14 加尔文，《要义》，IV，1，12。

序性："许多没有受过神学教育的人，当他们听到信徒的良心有可能被人的传统所辖制这邪恶的事，以及在这情况下人对神的敬拜是枉然的时候，许多人倾向于否定一切有形的教会的法规。"[15] 其实，一旦谈到教会的组织秩序，加尔文就不能不面对两个基本问题：1、教会的组织秩序是否必要？2、在教会的组织中设立不同职份的分工是否必要？对于这两个问题，加尔文都是十分明确地给予了回答。

首先对于教会组织秩序的必要性问题，加尔文说："首先我们当考虑这一点。在人的所有社会形态中，显然为了保持公共平安与秩序，某种组织是必须的。事实上，在一切人与人之间的交易上，为了端正、甚至人道本身，我们都有某种正式的程序。这一点在教会也特别应当被看到，因为教会各部分若有良好秩序的治理就能保守合而为一，并且若没有这合一，教会就不是教会了。因此，我们若希望保持教会的平安，我们必须留意保罗的吩咐，即'凡事都要规规矩矩的按着次序行'（林前 14：40）。"[16] 我们注意到，加尔文的这个论证有如下几个方面：1、教会需要某种组织的目的是为了让教会合一、及正常地运行；2、即然有某种组织形态，就需要一些不可少的规章；3、这个论证中，加尔文没有特意地区别教会的组织形态与其他社会的组织形态之间有什么根本的不同。

其次，对于教会内设立不同职份的必要性，加尔文的回应是：不同职份的设立是教会秩序中的一个重要部分，是上帝话语得以在教会中掌权的途径："惟有神自己才配得在教会中作王。所有的权柄和权威都在祂那里，并且这权柄由祂自己的话语所执行。然而，既因神是看不见的（太 26：11），所以祂借着人的服事公开、亲口宣告祂自己的旨意，作为神事工的代表，不过神没有将祂自己的权柄和尊荣归在他们身上，只是喜悦藉人的口做祂自己的工——就如工人用工具做工一样。"[17] 这里我们应当注意到，当加尔文提到神所使用的这些代表（复数）时，是指一群教会工人或者多个职份而言的。上帝要借一个团队的教会工人来宣讲他的话语，来服事他的教会。因此形成了教会中不同的职份。对于使徒和先知来说，加尔文认为那是教会初建时期神兴起的职份。现在常设的职份首先有教师与牧师："这两种职份之间的差别是：教

---

15 加尔文，《要义》，IV，10，27。

16 加尔文，《要义》，IV，10，27。

17 加尔文，《要义》，IV，3，1。

师不负责教会纪律、施行圣礼、或警告和劝勉，而只责负解经——叫信徒相信全备、纯正的教义。牧师的职份则包括这所有的职责。"[18] 除了牧师或教师外，教会中还有长老与执事的职份。

相对于与当时天主教的争论，加尔文更重视与重洗派之教会观的区别。从一个方面看，重洗派类型的教会观似乎是在突出圣灵对教会的引导，但强调的是对个人的引导，实际中可能转化为对每个个人当下感受的突出上。而对加尔文来说，教会的基本特征不在其中的某个人如何感受，不在其是否由重生之人构成。教会不是一群得救之人在其得救后的"互助性团体"，而是上帝在这个世界上显明其救赎应许的管道。在加尔文以上帝为中心的教会观中，教会的建制性被引出来的出口在于：教会的两个具有客观性的特别标识，纯正地宣讲福音、及正确地施行圣礼，是由教会的秩序来保证的，而这种教会秩序又是通过教会的建制体现出来。这样，教会建制就成了教会教义的一部分。对于加尔文来说，教会建制并非路德所认为的、只具有历史偶然的性质，而是由圣经所显明的一些明确的原则决定。当教会在这些原则的基础上形成教会建制时，教会因为其秩序的建立才成为救赎应许的管道，教会因此才可以被看作是"纯正地宣讲"了上帝的话语，以及"正确地施行"了圣礼。其实从更宽阔的教会历史的角度看，圣灵的工作远超过人们所限定的对个人的直接带领。圣灵的工作完全可以借着教会的秩序及其传统体现出来；并且特别在教会秩序得到保证时，圣灵的最重要工作，即真理之圣灵的工作，被充分地显明出来。

因此，如果我们赞成加尔文关于教会建制的观点，即肯定圣灵同样会借着教会秩序来引导教会，那么我们就可以得出这样的结论：使教会群体与世俗组织相区别的不是组织的形式是否不同或相似，而是要看这个组织形式为谁所掌管。使教会从这个世界中分别为圣的不是构成教会的人、不是教会的组织形式，而是教会是否将上帝的话语及其圣礼突出出来，是否时时尊耶稣基督为主，是否承认那不只在个人感受中掌权、同时也在教会秩序中掌权的圣灵。在这个前提下，教会的组织形式与世俗的组织形式间可以有相比较性及借鉴性。

八

加尔文的《要义》在整体结构上有一个很有趣的特点：以给法兰西斯国王的信（序言）为其开始，以"论政府"为全书的最后一章结束。这个结构

---

18 加尔文，《要义》，IV，3，4。

上的特点有时被称为"三明治结构"。表明在加尔文的神学思想中，基督信仰或教会与世俗社会或国家的关系占据着重要的地位。

加尔文接受了路德的两个国度的理论。在教会的权力与国家的权力有分别上，从理论层面讲，他与路德是没有区别的，只是他更习惯地将其称为两种治理。教会所负责的是属灵的治理，直接涉及到人的信仰及良知的方面。因此教会当以属灵的教导及劝诫为主："教会没有权力运用刀剑来施行惩罚或管教，没有强制的权力，没有监禁或其他刑罚，就像政府官员所使用的。那么她所关心的目标就不是强制罪人的意愿加以刑罚，而是通过自愿的惩罚来宣认悔罪。所以两者完全不同，因为教会不能逾越任何属于地方政府官员的事务，政府官员也不能担当任何属于教会的事务。"[19] 而国家则负责世俗的社会秩序的治理，以用强迫手段执行法律为主。

加尔文对政教关系的看法又与重洗派的观点在别。重洗派侧重在两者之间的分离：教会作为一个神圣或者圣洁的群体，它与世俗世界有着明确的分别，应该与世俗的政府没有任何关系。而加尔文的观点是同在上帝主权下的两种治理，可以进一步概括为"分别但不分离，互补而不对立"。从他对第四卷的总标题的命名中，我们可以看出，他认为政府与教会对于帮助信徒继续存留在基督的恩典中，都发挥着重要的作用。在这个意义上，它们各自的作用既是不能够彼此替代的，也是相互补充的。

由于加尔文把政府的功用与自然法（特别是十诫）联系起来，所以在他的理解中，政府有两个基本的功能。首先，与十诫的第一块法版相关，政府应当"以促进宗教敬虔为首要义务"，而所谓敬虔的政府特别表现在"当神的敬拜被败坏了之后，他们重新建立了对神正统的敬拜，或保守了这纯正的信仰，使宗教信仰能够在他们的统治之下，纯洁无瑕。"[20] 简言之，政府不仅有保护教会正当聚会的责任，同时也有维护纯正教义的责任。第二，与第二块法版相关，政府乃有在人类社会中维护公义、和平与秩序的责任。这里，加尔文与重洗派的区别特别表现在政府的第一功用方面。对于重洗派来说，一个有罪的政府只可能有第二方面的责任，而不可能有第一方面的责任。

就政府具有第一个方面的功用来说，它和教会有着某种共同的目标：维持人们的宗教敬虔，保护教义的纯正。这一点具体体现在，政府所设立的法

---

19 加尔文，《要义》，IV，11，3。
20 加尔文，《要义》，IV，20，9。

律，应当是建立在上帝话语的基础上，或者至少与普遍的自然法不相冲突。为了帮助建立合上帝心意的法律体制，在加尔文看来，教会（特别是牧师群体）有责任向政府官员解释在某种处境下上帝的话语有何要求，即教会有教导官员甚至协助立法的责任。而反之，政府官员则有按照合宜的法律保护教会，甚至协助教会铲除"异端"的责任。

对加尔文来说，教会与政府的区别在于其所属的不同国度，而不是其外在的组织形态。与天主教的主教制组织形态不同，加尔文及其改革宗在教会组织方面所推行的"民主选举"方式不仅改变了教会的组织形态，也影响了近代西方民主体制的建立。

例如，对于《新约·使徒行传》中的一段记载，加尔文如此解释到："路加教导我们保罗和巴拿巴藉教会选立长老；他同时也解释选立长老的方式。他说的这方式是各教会的会友选举——'长老在各教会中以举手选立'（徒14：23）。因此是这两位使徒提名，而全教会以举手的方式宣告自己的选择，这是希腊人选举的方式。照样，罗马的历史学家经常陈述召开大会的主席'选了'新的官署，其实只是因他负责收取并公布会众所投的票。显然保罗没有赋予提摩太和提多比他自己更高的地位。而且保罗自己的方法是藉百姓的投票选举新的监督。因此，以上经文的解释必须与各教会会友参与选择一致。"[21] 他以此反对天主教传统对这句经文的解释：当时那些教会的长老是两位使徒指定的。他的解释回应了宗教改革的另一个基本精神：信徒皆祭司。

当然，如加尔文所引，古代的希腊人也有这样的选举，因此"民主选举"似乎与宗教改革或者加尔文的教义阐释没有太大的关系。但近代的民主体制与古代希腊城邦的民主选举还是有着重要的区别：近代的民主体制是与宗教改革后形成的天赋人权为其前提，而这个涉及到每个人的天赋人权的观念其实正与加尔文的教会与社会关系理论有紧密的关联。

加尔文在《要义》的最后一章"论政府"中，加尔文明确地说明，对于没有尽到其责任的暴君，尽管每个普通的公民还应当顺从，因为他们的职分有从上帝来的权威。但下级官员却有着反抗暴君的义务，因为他们作为上帝所呼召来保护民众权利的官员，有上帝赋予他们的责任："既然向那些毫不节制的君王专制伸冤在主的手中，那么我们千万不可以为神将这伸冤交付我们，因他惟独给我们的吩咐是要顺服和忍受，我这里说的是私人。但若有百姓所

---

21 加尔文，《要义》IV，3，15。

挑选为了约束君王之专制的官员，……我不但没有禁止他们照自己的职分反抗君王暴力、放荡的行为，我反而说他们对这些残忍的压迫穷困百姓的君王睁一只眼闭一只眼，这种懦弱的行为不过是邪恶的背叛，因他们不忠心的出卖百姓的自由，而且他们知道保护这自由是神所交付他们的职分。"[22]

　　虽然加尔文把反抗暴君的权利只赋予了下级官员，但这毕竟从神学的角度阐明了反抗的正义性。在 1572 年发生了法国当局针对当时胡格诺派的圣巴多罗买大屠杀之后，法国的加尔文的追随者们进一步发展了这种反抗理论：每一个公民都有责任反抗这种屠杀其公民的君王，这被解释为每个人生来就被赋予的基本权利。正是这种在神学上对反抗暴君之正文性的阐述，后来演变为每个人拥有其天赋人权的政治概念。历史上，这个概念来自于对加尔文上述思想的一种去宗教化的表达。

九

　　加尔文的《要义》在他那个时代产生重要的、持续不断的影响，不仅与他这部著作所传递出来的新的改教思想有关，也与他这部著作的论述方式有关。他的表述在他那个时代给每个读到他著作的人一股清新的文风的冲击，特别是他《要义》的法文版，能够以清晰的表述让那些即使没有受过太多学术训练（不能读拉丁语）的人也能够清楚的了解。

　　他的这种清新的论述风格来自于他所在的那个文艺复兴时代兴起的人文主义方法。那个时代的可被称之为基督教的人文主义对加尔文宗教改革思想的形成具有非常积极的意义。如果文艺复兴时期的人文主义更多地是指一个"论辩的传统"，那么这种论辩（rhetoric）的基本含义是什么？按照研究文艺复兴时期的专家鲍斯玛（Bouwsma）的看法，这里所谓论辩是指一种"感化的艺术"（the art of persuasion），而不是指理性或者逻辑的论证；前者把人看作是一种有情感的、主动的、社群的，而非后者所看为单纯理智化的存在者。因此语言不首先被看作是承载有关世界真理的媒介，而是存在于社群中活的生命的基本成份，可以燃起情感、激发意志，从而使人进入到行动之中。文艺复兴时期的人文主义者首先反对的是经院哲学的方法，这种方法是与繁琐的教义体系联系在一起。因此，从语言的角度来看，文艺复兴时期"回到源头"的口号，具体就体现为从繁琐的教义回到圣经，从亚里士多德的思辨逻

---

22 加尔文，《要义》IV，20，31。

辑回到福音书中日常的语言，从单纯的理论思辨进入到一个处境化的对话中。以"对人的关切"取代了中世纪晚期贯穿于整个经院哲学的"对理论（体系）的关切"。对加尔文来说，"对人的关切"才是"真敬虔的知识"。

从基督教的历史上来看加尔文在其时代所面对的两种传统，那么这两种传统表现为是柏拉图—奥古斯丁传统与亚里士多德—阿奎那传统的区别。而从方法上来看，似乎集中在柏拉图与亚里士多德所用方法的区别。加尔文不过是回到了前一个传统中，更多地使用了柏拉图的方法而已。这种方法的一个突出特征就是其论辩或者教化（rhetorical）的特征。

这种论辩或教化的方法首先表现出一种处境化的对话的特征。加尔文在写作《要义》的时候，与其说他在构建一个理论体系，不如说他在与他同时代的人对话，并在这种对话中去感化他的对象。如果我们把加尔文的《要义》看作是他神学思想的集中体现的话，那么这本书并不像有些人所认为的今天意义上的系统神学的著作，其实它更接近于一本对话或者论辩的书。在《要义》中，加尔文似乎与两类对象进行对话：那些哲学家们——既包括当时代经院哲学家也包括古代的哲学家；以及敬虔的人——所有那些想要阅读或研究圣经的教会信众。他的目的不是为了让人们停留在这本书所讨论的一些主题中，而是为了能够进入到《圣经》的语境之中。[23]

这种论辩方法之所以有着直指人心的力量，还在于其具体表现为因人施教，即为了感化的原因而有意地适应听众。其实，语言上的修辞不只是语言上艺术性的问题，而是承载着教化的功用。因为它的首要目的就是感化（persuasion），或者在直指人心之际，激发起人的热情与意志，从而可以化为行动投入其中。而为了达到这种感化的目的，加尔文认为可以采用两种方式：因人施教（decorum），以及寓意、或形象表达（figure），这构成了加尔文的教育理念。"一个有智慧的教师使他自己能够按照那些受教学生的理解力来调适自己。他在教学中首先使用的原则就是，要让理解力弱的或者无知的人能够跟得上。总之，他要使他的教导一点一滴地渗透进去，而不是流溢出来。"[24] 例如对于比喻的方法，加尔文认为对于交流来说十分重要。

---

23 加尔文，《要义》，致读者。
24 加尔文，《哥林多前书注释》，3:2.

第一章　心灵的转向

今天，当我们试图梳理加尔文的神学与其所接受的人文主义方法之间的关系的时候，不少人可能会感到奇怪。加尔文这个名字与人文主义这个观念所要表达的似乎相距甚远。尽管严格来说，加尔文并没有像路德那样接受系统的经院神学的教育，他所受的基本上全是人文学科的教育。但在一些人的眼中，一个在日内瓦城连音乐与跳舞都反对的宗教保守主义者，在《异端的权利》中被看作是控制人们思想自由的专制者，与人文主义有甚么相干呢？

在历史上，加尔文这个极端的宗教保守主义者也曾被看作是一个反对科学发展的人。例如，著名哲学家罗素（Bertrand Russell）在其广为流传的《西方哲学史》（*A History of Western Philosophy*）中，就曾不加检查地引用前人的引文，认为加尔文在其《〈创世记〉注释》中愤怒地叫喊说"谁胆敢将哥白尼的权威置于《圣经》之上"这样的话，从而在自己的著作中将加尔文看作是明确反对哥白尼日心说的"冥顽不灵"的教士。[1] 研究加尔文的学者查遍了加尔文的著作，没有找到这句话。这句话后来被发现是出现在数百年后的一个名叫安得鲁·怀特（Andrew Dickson White）的人所写的《科学与神学论战史》（1896 年）的书中，乃是这个作者对加尔文观点所作的他自己的概括。因此英国学者麦格拉斯认为："加尔文从没有在他的任何著作中写过上述的话，并表达出上述的愤怒。"[2] 恰恰相反，今天的研究表明，加尔文对于科学所持的态度远比我们知道的更为积极。

1　罗素著，马元德译，《西方哲学史》（下卷），北京：商务印书馆，1976 年，页 47。
2　麦格拉斯，《加尔文传：现代西方文化的塑造者》，页 xiv。

今天对加尔文的学术性研究，不少学者都更加注重将加尔文放到他所生活的 16 世纪的历史情境之中去研究他的思想，而开始醒觉到以往的研究中，人们或者不自觉地戴着 18 世纪启蒙主义思想观念的眼镜、或者是从 17 世纪形成的加尔文主义的角度去诠释他的思想。[3] 本文所说的人文主义指的是加尔文所生活的 16 世纪的人文主义。这个时期的人文主义，如本文后面的论述，基本上可以看作是基督教的人文主义，它对宗教改革运动产生了重要的推动作用，并且，它对加尔文转向宗教改革、以及在以后加尔文的神学思想中，都留下了不容忽视的印记。

一、围绕着加尔文第一本著作的争论

当我们试图探讨 16 世纪的人文主义对加尔文改教思想的形成所产生的影响时候，我们不能不回到他神学思想形成的起点，即我们不能绕开他所写的第一本著作《塞内卡〈论仁慈〉注释》；并且笔者认为，对这本书写作背景的考察是我们进入这个问题的切入点。

加尔文的这本书写作于 1528 年他在布尔日（Bourage）大学学习法律的期间，于 1532 年出版。研究者普遍认为这本书是一本人文主义色彩很浓的著作。加尔文为什么在这个时期选择这个题目来写作他的第一本著作？一个以往常被引用的答案是：这是加尔文思想发生其著名的"转向"（conversion，也被译为"皈信"）前的作品，是一个仍然处在人文主义时期的加尔文思想的产物。例如，沃尔克（Williston Walker）认为："在这本注释中很难找到什么证据说明作者的特别兴趣是在宗教问题方面"。[4] 对于柏托斯（Ford Lewis Battles）与胡戈（André Malan Hugo）来说，"那些仍然坚持加尔文早在 1528 年就认信了路德思想的人，一定会对 1532 年发表的关于塞内卡的注释感到困惑。如果加尔文确实如贝札（Theodore Beza）和道默格（Emilé Doumergue）所说的在那时就已经是一个新教的传道人，那么为什么他会以这种方式来写他的这本书就是非常难以解释的了。"[5] 因此，加尔文早期的思想"转向"就

---

3 参见：William J. Bouwsma, *John Calvin: A Sixteenth Century Portrait*, Oxford University Press, 1988.

4 W Walker, *John Calvin:The Organizer of Reformed Protestantism 1509-1564*, New York, 1906, p.69.

5 *Calvin's Commentary on Seneca's De Clementia: with introduction, translation, and notes*, by Ford Lewis Battles and A. M. Hugo, Netherlands: E. J. Brill, Leiden, 1969, p.62*

被赋予了一个重要意义：不只是与天主教的决裂，同时也是与其早期人文主义思想的断裂。著名加尔文研究者温德尔（Francis Wendel）把这个观点表达的最为明确：

> 对加尔文而言，转向（conversion）意味着与他以往研究的决裂，或至少在他看来，即与他到目前为止一直视为生活目标的人文主义的决裂。无疑，简单地认为加尔文在这个事件后就直接变成一名新教人文主义者是对转向的误解。尽管加尔文在其早年的教育中深受人文主义的影响，甚至这种影响比我们以往了解到的还深，但我们必须把加尔文的这种转向理解为是其定向（orientation）的完全转换，……因此他不再相信他以往所知的那种人文主义了。[6]

按照这种解释，加尔文是在其思想发生了著名的"转向"后，才开始形成具有新教色彩的宗教改革思想。这个意义上，加尔文的宗教改革思想是在与人文主义思想相决裂的前提下发生的，因此人文主义对加尔文的宗教改革思想基本上产生的是消极影响，而并非更为积极的影响。

当然，上述的答案并不是唯一的答案。对加尔文第一本著作的写作动机，一个更为传统的看法是以道默格为代表的观点。他是持加尔文思想的转向发生于本书出版之前（即 1528 年）的观点。在这个立场上，他认为加尔文写作此书的目的基本上是宗教性的，是在当时宗教改革在法国受到迫害的前提下，向法兰西斯一世呼吁对新教徒要仁慈和宽容，就如当年塞内卡在这篇论仁慈的论文中向罗马皇帝尼禄所作出的劝告一样。[7]这个具有宗教意义的主题在稍后的《基督教要义》的第一版（1536 年）的序言中，以更明确的方式再次出现。

对于这两种观点，新近的研究者也有提出质疑的，认为不能够反映加尔文当时的实际情况。例如著名的加尔文研究者帕克（Thomas H. L. Parker）认为：

> 早期的研究者将这本书解释为是为向法兰西斯王能够仁慈地对待他的新教臣民的一种间接呼吁。而多数当代的研究者都将其看作是一本纯粹的"人文主义"作品，其中不含任何政治或者宗教的动

---

6 F. Wendel, *Calvin: The Origins and Development of His Religious Thought*, trans. by Philip Mairet, Harper & Row Publishers, 1950, p.44.

7 转引 Quirinus Breen, *John Calvin: A Study In French Humanism*, Grand Rapids: Wm. B. Eerdmans Publishing Company, 1931, p. 80

机，并以此作为他尚未经历转向的一个证据。这两种观点在我看来
都显得僵硬和教条，忽略了加尔文的实际立场。[8]

在对加尔文第一本书的不同看法中，就我们所讨论的人文主义对加尔文改教
思想的形成这个问题而言，其思想转向发生的时间，究竟是在本书之前还是
之后，就成为一个重要因素。其实对于这个问题学者们并没有一致的看法，
并且，在学术界经历了由较早日期（1528-29 年）向较晚日期（1533-34 年）
的转变后，现在有更多的学者倾向于回到较早日期的观点。

在加尔文生平的研究领域，较早的传统观点都认为加尔文的转向发生于较
早日期。按照加尔文在日内瓦的继承者贝札写的《加尔文的生平》（*The Life of
John Calvin*），他将转向事件的发生确定在加尔文 1528 年学习法律的时期。[9]基
于这一点，稍后的道默格和霍尔（Karl Holl）都认为加尔文的转向发生于马堡
会谈（Marburg Colloquy）之前，就是说发生在 1529 年。[10]

不过，后来的一些学者，如温德尔，则将转向定性为是与罗马天主教会
及与人文主义的决裂，因此将其转向确定为 1533-34 年间。他举出前一个决裂
的证据是加尔文 1534 年回家乡诺阳交回他从教会享受的补贴为其标志。[11]而
温德尔的第二个论证就是《塞内卡论仁慈注释》于 1532 年的出版。按照他的
解释，这本书在出版后明显的失败结果给加尔文带来的绝望，是促使加尔文
思想转向的重要因素。因此其转向事件不可能发生在 1532 年之前。[12]

帕克在他 1975 年出版的著作中讨论到这个问题。帕克并不把加尔文交回
他所享受的教会补贴是与天主教会决裂的标志。他对上述论证的回应是："加
尔文完全可以将这笔收入看作是对他接受教育的资助。他现在已经 25 岁，他
作为学生的生涯已告结束。他还没有任何想要成为圣职人员的念头。因此他
没有什么权利继续享受这个补贴。"[13] 布林（Quirinus Breen）同样认为，在那
些年间加尔文确实只是把这个补贴看作是对他接受教育的资助。[14]

---

8 T. H. L. Parker, *John Calvin: A Biography*, Philadelphia: The Westminster Press, 1975, p.26.

9 Bèze, *Life of Calvin; Second Defence against Westphal*.

10 Emile Doumergue，*Jean Calvin, Les hommes et les choses de son temps*（《加尔文：其人及其时代之事》）；7 vols.; Lausanne, 1899-1917; Neuilly, 1926-1927；Karl Holl, *Johannes Calvin*，Tübingen, 1909。

11 F. Wendel, *Calvin*, p.39, note 71.

12 Wendel, *Calvin*, p.36-37.

13 Parker, John Calvin: A Biography, p.165.

14 Quirinus Breen, *John Calvin: A Study In French Humanism*, p. 107

　　帕克既没有把加尔文的转向解释为是与天主教会的决裂，也没有将其看作是与人文主义的决裂。由于对转向之性质的不同理解，帕克对上述论证的第二个方面的回应是，转向并非意味着加尔文与其早期研究的断裂，而在某种意义上是一种继续：

> 　　除了按照他已经接受的训练去确定他的职业（the career）外他还能作什么呢？此前他是在教会的背景下去理解其要从事的民法（civil law）前景；而转向意味着这个门已经关闭。他只能够在教会外尽其所能是去从事民法。广义地讲，可能的途径或是实践或是教授。……因此，加尔文难道不是在尽其可能地在计划成为一个学术型律师（academic lawyer）的前景？在那个时代，正如我们这个时代一样，有抱负者必须要在其所属领域的学术经典中展示出其能力。如果是这样，他为什么选择一个古典作家而不是基督教作家就是可以理解的了。[15]

我们暂切不论帕克对加尔文转向之性质的理解，单就时间上来说，他已经表明了加尔文的转向发生在较早日期（1529-30 年）。[16] 当代加尔文学者穆勒教授（Richard A. Muller）也持较日期的观点，认为可能的时段是 1529-31 年间。[17] 他的论证主要有两点。首先，那段时期加尔文应该还在布日尔学习法律："加尔文尽管已经转向宗教改革的神学，但在加尔文自己的那段自述中，转向的发生并没有导致他放弃研究法律。"[18] 其次，转向应该发生在加尔文为科布（Nicolas Cop）写讲演稿（1534 年）之前数年的时间。这个论证的依据主要来自于贝札所写的《加尔文的生平》，在提到加尔文进入到科布这个支持宗教改革的基督徒学者小圈子时，作者写道："加尔文在这个时期放弃了所有其他的研究，将自己献给上帝，怀着极大的热情进入到敬虔者当中，这些人在巴黎秘密地聚会。"[19] 换言之，由于转向发生时加尔文还没有放弃法律方面的研究，所以应该距进入科布小圈子有一段时间的间隔。

---

15 Parker, *John Calvin: A Biography*, p.26

16 Parker, *John Calvin: A Biography*, p., p.21-22

17 Richard A. Muller, "The Starting Point of Calvin's Theology: An Essay-Review", *Calvin Theological Journal*, Vol.36, No.2, Nov. 2001, p.324.

18 Ibid. p.324.

19 Beza, *Life of Calvin*, in *Selected Works of John Calvin-Tracts and Letters,* 7 volumes, ed. H. Beveridge and Jules Bonnet, Baker Book House, 1983, I, p.62.

除了帕克和穆勒之外，还有一些文章同样对转向发生的时间问题进行了深入的探讨。如内金惠斯（Willem Nejenhuis）、[20] 科克（Ernst Kock）、[21] 费舍尔（Danièle Fischer）[22] 以及诺伊泽（Wilhelm H. Neuser），[23] 这里限于篇幅就不作过多的探讨了。如果我们接受较早日期的观点的话，我们所讨论的问题就以更加明确尖锐的方式表现出来：如果具有人文主义色彩的《塞内卡论仁慈注释》是加尔文在发生了重要的思想"转向"之后所写的作品，为什么他会选择塞内卡这位经典作家？人文主义的因素与他的"转向"究竟有什么关系，并由此影响到他神学的起始？

二、对加尔文"转向"的理解

加尔文是在其《诗篇注释》的序言中提到他人生那个"无法预料的转向"：

> 在我年幼之时，父亲就决定让我学习神学。但是，当他考虑到法律事业常能使人飞黄腾达时，这前景使他突然改变了主意。事已至此，我就退出了哲学研究，投身法律的研究。为了顺从父亲的心意，我踏实努力追求这一事业；但是，上帝以他护佑之工奥秘的引领，最终给我指出了一个不同的方向。起初，我过分迷信于教皇制，难以从这个深陷其中的泥潭中自拔。但上帝以无法预料的转向降服了我，使我有一颗受教的心。这比我早年所能想的还坚实。在领受并品尝到真敬虔的滋味和知识后，我当时心如火烧，强烈盼望在这真道上长进。虽然我并没有完全放弃其他学习，但我在那些方面的心却淡了许多。[24]

在新近的研究中，学术领域对加尔文这一段自述的解释基本上是在回应亚历

---

20. Willem Nijenhuis, Calvijns 'subita conversio', notities bij een hypothese（加尔文的"突然转向"：对一种设想的评论）, *Nederlands Theologisch Tijdschrift*, 26 [1972]）, p.248-269。

21. Ernst Koch, Erwägungen zum Bekehrungsbericht Calvins(对加尔文转向的思考), *Nederlands Archief voor Kerkgeschiedenis*, 61 [1981], p.185-197。

22. Danièle Fischer, Nouvelles Réflexions sur la Conversion de Calvin（对加尔文转向的新反思）, *Etudes théologiques et religieuses*, 58 [1983], p.203-220。

23. Wilhelm H. Neuser, Calvin's Conversion to Teachableness（加尔文向受教的转向）, *Nederduitse Gereformeerde Tydskrif*, 26 [1985], p.14-27。

24. Calvin, Comm. Ps., preface.

山大·冈诺兹（Alexandre Ganoczy）的论点，[25] 而他的论点在很大程度上又是建立在斯普仁格（Paul Sprenger）相关著作的基础上。[26] 他们指出，这段叙述中所用的"转向"（conversio）没有现代人所赋予的皈信或者转换所属教派的意思，因此不能够解释成与天主教会的决裂。冈诺兹的观点是，转向只是指加尔文领受到要在（天主）教会内成为一个改革者的呼召，只不过他对这个呼召的回应有一段的时间。[27]

　　威尔汉姆·纽舍尔（Wilhelm Neuser）是这个加尔文研究领域的著名学者，在他新近的研究中，就加尔文的这一段自述，他将一个关键的字"受教"（teachableness）与"转向"联系起来（conversio ad docilitatem），认为这里的"转向"乃与从对教皇的迷信中出来，转向了一个可受教的、思考的心。因此，这种转向更多地与某种看问题的基本方式相关。他由此引申出一个有趣的结论：加尔文的转向与他在布尔日期间学习希腊语有关，通过学习希腊语，他接触到了日后对他极有影响的人文主义者、已经接触到大量宗教改革思想的希腊语老师沃尔玛（Melchior Volmar），接触到希腊文的古典文献及其文本阅读方法。这个对加尔文来说具有启蒙意义的1527-28年，就是他发生转向的时期。[28]

　　如上所述，帕克也是在积极的意义上回应冈诺兹的论点。对于他来说，加尔文的转向只是一次"初尝真实的敬虔"，其意义主要在于内在心态的转变：从对教皇权威的迷信中出来，只接受上帝的权威。这既不意味着与以往的研究相断裂，同时离日后在《基督教要义》中表现出的新教思想还相距甚远。[29] 当然，笔者认为他由此引出的对转向的解释，即认为这乃是加尔文向着要成为一个学术型律师的转向，还可以商榷。帕克的观点似乎表现出另一种倾向：转向至少就其当时的意义而言，只具有人文主义领域内的、思想方法上的意义。在帕克的解释中，很难解释所引加尔文自述中的最后一句话：加尔文虽

25　Alexandre Ganoczy, *Le Jeune Calvin: Genèse et evolution de sa vocation réformatrice*（《年青时期的加尔文：〈创世记〉及改革召命的演进》）, Wiexbaden: Franz Steiner, 1966。

26　Paul. Sprenger, *Das Rätsel um die Bekehrung Calvins*（《加尔文转向之谜》）, Neukirchen, 1960。

27　Cf. A. Wolters, "Recent Biographical Studies of Calvin", *In Honor of John Calvin: 1509-64*, ed. by E. J. Furcha, Montreal: McGill University, 1987, p.357.

28　Cf. Ibid. p.359.

29　Parker, *John Calvin: A Biography*, p. 23.

然没有放弃法律的研究，但相比于对真正敬虔的知识与真道的追求，他对法律的研究已经谈了很多。法律研究不再是追求的方向，调转的方向是对"真敬虔的知识"的追求。加尔文在这里所说的"真敬虔的知识"指得是什么？

确实，转向正是指向这种"真敬虔的知识"的转向。按照穆勒教授，转向并没有让加尔文停留在一个可受教的人文主义者，好像他还没有打算"离弃罗马天主教的体制"。[30] 其实，"对加尔文来说，向真敬虔的转向与离弃教皇制的迷信是同一个钱币的两面，并且正是这个转向带来了几年后科普的就职演说。"[31] 这里，离弃对教皇制的迷信并不是说加尔文的转向带着叛信的性质，而在于所领受的呼召的转向。而穆勒教授把这种呼召的方向与数年后的科普就职演说关联起来，而不是与某种职业关联起来。如果对比于以往的法律研究，那么现在的转向就是极度地渴望在"真敬虔的知识"方面能取得进步，而这种对"真敬虔的知识"的追求正引导着加尔文"走向宗教改革的神学"。[32]

总之，上述学者们的研究中有一点似乎可以肯定：加尔文思想转向的发生不意味与人文主义的断裂，相反，乃是受到当时人文主义思维方式与方法的推动。正是当时出现的这种人文主义的思维方式，动摇了加尔文对教皇权威的迷信。而且更重要的是，人文主义的思维方法并没有让加尔文单纯地成为一个人文主义者，而是引导他进入到对"真敬虔的知识"的寻求。下面让我们回到加尔文所生活的 16 世纪的历史处境来说明这个结论。

加尔文 1527 年开始在布尔日师从沃尔玛学习希腊文。而我们需要了解的一点是，在此前不久，学习希腊文还被看作是一种异端行为。加尔文的老师那一辈的人还在感叹："我们发现了一种被称为希腊语的语言。我们必须不惜代价地远离它，因为这种语言生发异端。特别要当心希腊文的新约圣经，它是给人带来诸多麻烦的书卷。"[33] 帕克对此的评论是："那时的人学习希腊文相比于哥伦布从其出生的家乡到发现新大陆所要航行的还要远。加尔文现在已经加入到贝雷（Bellay）所谓的有名的法国希腊语迷（Gallogreeks）的世界

---

30 George H. Tavard, *Starting point of Calvin's Theology*, Grand Rapids: Eerdmans, 2000, p.114.

31 Richard A. Muller, "The Starting Point of Calvin's Theology: An Essay-Review", *Calvin Theological Journal*, Vol.36, No.2, Nov. 2001, p.326.

32 Ibid. p.324.

33 Cuissard, L'Étude du Grec à Orléans（《在奥尔良学习希腊文》），Orleans, 1883, p.93. Cf. Parker, *John Calvin: A Biography*, p.21

中。"[34] 在这个意义上，希腊文的学习不只是意味着一种语言的学习，其中也包含着一种观念的突破，特别是当它与新约圣经联系起来的时候。

就是在 1527 年，当时著名的人文主义者伊拉斯谟出版了他的第四版希腊文新约圣经，并出版了拉丁—希腊文并排版新约圣经，而 1529 年加尔文用他刚掌握的语言最初读到的希腊文新约圣经正是这个并排版。[35] 我们可以想象当这位年轻的人文主义者最初读到原文新约圣经时，这种语言带给这位年轻学者的冲击。并且也就是在这一年，加尔文，通常被认为，读到了路德的重要改革文献《教会被掳巴比伦》，以及他的两篇讲章。这些文献被从德文翻译成了拉丁文，并且分别于 1524 年及 1527 年出版。[36]

就是在这样的背景下，人们发现这位在布尔日大学学习法律的学生开始不时地出现在周围乡村的讲道台上。人们不只是在乡村的教堂里看到他的身影，甚至在河边的谷棚中。他的听众不仅有普通百姓，也有当地的贵族。而他在台上所讲的道与学者的讲课不同，在当地撒下了福音的种子，也就是他从圣经原文中得到的领会。因此帕克说："如果我们把加尔文的转向确定在 1529 到 1530 年的某个时间，那么它就正与我们在布尔日听到他的讲道完美地相吻合。"[37]

而就是在布尔日最后这一年的时间，加尔文开始了《塞内卡〈论仁慈〉注释》的写作。从上面的分析中，我们已经看到，加尔文一方面没有放弃对法律的研究，仍然在花时间为取得博士学位（licentié ès loix）而努力；另一方面他在经历了转向后，认真学习希腊文，阅读新约希腊文本，努力在追求"真敬虔的知识"方面求得进步。如果加尔文是在这个时候选择写作他的第一本书，那么，这本书的写作与他对"真敬虔的知识"的追求有着什么关系？或者他把这本书的写作就看作是对"真敬虔的知识"的追求？

三、写作《塞内卡〈论仁慈〉注释》的意义

塞内卡的《论仁慈》一文谈论的主题是文艺复兴时期人文主义者非常感兴趣的主题：君主的品格。这个主题集中在如下的问题上：好的统治者与坏的统治者、伟大的君王与独裁者之间的对比与区别。这个问题不只是挑起古

---

34 Parker, *John Calvin: A Biography*, p.21
35 Parker, *John Calvin: A Biography*, p.23.
36 Parker, *John Calvin: A Biography*, p.23.
37 Parker, *John Calvin: A Biography*, p.21-22

希腊时期的诗人与哲学家的兴趣，同时也吸引着文艺复兴时期的人文主义者的关注。马基雅维里的《论君王》（1513）、伊拉斯谟的《基督徒君王指南》（1515）、布代的《君王指导书》（1519）等，都是这个主题的作品。在《论仁慈》一文中，塞内卡通过论述和举例、恭维和教导，试图教导年轻的尼禄学习伟大君王的品格之一：仁慈。他将晚期奥古斯都树立为尼禄的榜样，将其所在时代的开明与他随后几代君王时期的败坏作对比，来说明君王的仁慈对一个王国及一个时代的影响。整个文章中，塞内卡充分展现了他优美的论述技巧、以及哲学家的智慧。加尔文如此地评论塞内卡的这篇文章："塞内卡非常熟练地以这样一种方式写作《论仁慈》，以致尼禄会在他对这个德行的论述中反思他自己的仁慈。在表面的恭维和赞扬中，尼禄听到了对他有益的劝勉。……就是在这种迂回的方式，作者使自己成为尼禄的祝福。"[38]

在了解了这个背景后，我们回到本文的基本问题：为什么加尔文会在转向后选择塞内卡的这篇文章写作他的第一部作品？这里尝试从三个角度对此作一个简略的分析。

早期持加尔文较早转向日期的学者主要是从政治的角度来理解加尔文的选择，以此说明加尔文后来何以会参与到科布讲演稿的准备、以及第一版《基督教要义》中献给法兰西斯一世的导言这样的思想连续性。这个方面我们限于篇幅就不做过多论述了。其实除了这个角度，还有学者从这个论文中所涉及到的道德方面来理解加尔文对它的兴趣。例如对学者布林来说，尽管他认为加尔文是在转向前写作了塞内卡《论仁慈》注释，但他主要从道德的方面来看写作此书的动机："对加尔文我们同样可以得出结论说，他那时已经拥有仁慈之普遍性的观念。道德主义者在他里面觉醒的更早。斯多亚主义尽管表现为是时代变迁及压制时期让人心得安慰的哲学，却常就人格及社会品德方面成为讲道者优美的讲章素材。加尔文想成为哲学家，但一个讲道者加尔文已经深置于他的里面，引导他走的更远。"[39]

其实从道德角度来看加尔文对此书的关注，更能够让我们体会到伊拉斯谟这种类型的基督教人文主义者对加尔文的影响。伊拉斯谟不只是一个人文主义学者，作为一个敬虔的信徒，伊拉斯谟从事人文学科的研究是为他自己的宗教改革思想服务的。可以说，伊拉斯谟的宗教改革不是在教义的方面而

---

38 *Calvin's Commentary on Seneca's De Clementia: with introduction, translation, and notes*, p.75.
39 Breen, *John Calvin: A Study In French Humanism*, p.80-81.

是在伦理学方面。他满足于回到他认为是耶稣的朴素教训的东西上面去。在他的《基督精兵手册》一书中，他提出了一个重要的观念"基督哲学"（*philosophia Christi*）。这里"哲学"是指一种道德实践的形式，指一种合理的、温和的、有秩序的生活方式。他的看法是，不是不需要教义，教义是重要的，但教义不是经院哲学那样复杂的体系。"基督哲学"是一种与生活有关的智慧，一种生活的道德原则。它来自于基督的道，而这种道在基督的言行中得到最好的体现。

按照英国学者麦格拉斯的分析，16 世纪的宗教改革运动源自于两个完全不同的社会及思想环境，他称之为宗教改革的"两大阵营"：路德在维腾堡发动的宗教改革，以及茨温利在苏黎世发动的宗教改革。"这两大阵营具有十分不同的特性，若是把'宗教改革运动'一概而论，往往会把两者混淆。某些讨论宗教改革运动的著作所基于的假设——认为它在理性和文化上都是一致的——具有十分严重的缺点。"[40]其中的一个重要区别就是，路德的思想背景基本上是在修道院里形成的，具有晚期经院神学色彩的思维方式，其宗教改革的突破性观念是"称义"。而瑞士宗教改革运动主要发源于维也纳与巴塞尔这些大学城中的人文主义团体的兴起。[41]就是在这个群体中出现了改革教会、使"基督教重生"的运动。这个运动基本上是追随伊拉斯谟的精神，把宗教视为是属灵与内在的事物；宗教的基本目的是教导信徒培养一种内在的态度，如谦卑与顺服上帝。因此，包括茨温利本人在内的这个运动所关注的是："相当重要的是道德与伦理的更新与改革。许多学者认为，早期的瑞士宗教改革运动似乎基本上是一场道德的改革运动，强调个人与社会两者都有更新的需要。"[42]

从加尔文受教育的过程来看，加尔文显然受到这个运动的影响。正是其所接触到的人文主义者群体的思想撞击，使他开始有一个"受教的心"，为他提供了宗教改革的视野、目标与动力。无疑，加尔文初期对于宗教改革的看法不能不受到这个群体的影响，就是说，他关注到人的内在及道德方面，并将其与追求"真敬虔的知识"的联系起来是完全可以理解的。这种真敬虔是人从内在中生发出来品质与行为，而与形式化的宗教习俗相对立。这与当时

---

40 麦格拉斯，《宗教改革运动思潮》，中国社会科学出版社，2009，54 页。

41 Alister E. McGrath, *The Intellectual Origins of the European Reformation*, Oxford, 1987. 参见麦格拉斯，《宗教改革运动思潮》，60 页，注 11。

42 麦格拉斯，《宗教改革运动思潮》，55 页。

伊拉斯谟激烈地批评教士阶层及教会的众多仪式习俗，提倡普通信徒在日常生活中的道德实践这个基本倾向完全一致。当塞内卡在文中讲到人伪装的德行很快就会被暴露出来的时候，加尔文突然发出如此激情的评论："难道在我们这个时代没有这样的怪物吗？里面充满了罪恶，人前却包裹着正义的外袍和面具？但当真理之光，那时代之子，光照其上的时候，这些外面的伪装就会像蜡一样融化，他们的本相就会暴露出来。就让他们脸上带着愁容把自己的敬虔展示给公众吧，时间会到，那伪装如烟的必会如烟一样消亡。"[43]

其实，加尔文对人道德的关注不只是存在于宗教改革思想的形成时期，而是贯穿在他的一生当中。人们后来发现的、可能是加尔文写于 1546 年的一个未完成的短篇手稿（De Luxu）中，记录着他当时记的一些笔记，主要论及到当时日内瓦的一些公民极为奢侈的生活及放纵的行为；其中他引用塞内卡的著作近四十次，而当中的三十次引自于塞内卡的《论奢侈的信》（letters to lucilius）。这说明塞内卡的作品直到加尔文的晚期还影响着当时已经是牧师的加尔文。[44]

其次，吸引加尔文选择注释塞内卡的第二个原因来自于伊拉斯谟文本批判方法的影响。就直接原因来说，加尔文的选择是出于对伊拉斯谟在其书中的一则呼吁的积极回应。塞内卡的这本《论仁慈》一书是由伊拉斯谟所编辑出版的。在 1529 年修订版的编者前言中，伊拉斯谟呼吁有学识和抱负的年轻一代学者能够研究和注释这本书。加尔文对这种呼吁的回应反映出伊拉斯谟对年轻加尔文思想的重要影响力。其实，伊拉斯谟对加尔文的影响首先表现在前者在文本批判方面所做的工作。在加尔文对塞内卡这本书的注释中，他引用最多的就是伊拉斯谟，不仅是引用其所编的塞内卡原文，同时也引用他的《格言集》（Adagiorum Chiliades），以及《菲利浦王子赞》（panegyric on Prince Philip）。另外，就是《基督徒君王指南》（Institutio Principis Christiani），这是 1515 年写给查理王子，即后来的查理五世的一本书。

在这本注释的写作中，加尔文所参考的圣经版本也就是伊拉斯谟编辑出版的希腊文新约圣经。而伊氏希腊文新约圣经的出版，不只是向当时的世界提供了一本原文圣经，同时也引出了一种经文的考据方法。这种方法其实是

---

43 *Calvin's Commentary on Seneca's De Clementia: with introduction, translation, and notes*, p.15

44 See Ford Lewis Battles, "Against Luxury and License in Geneva: A Forgotten Fragment of Calvin," *Interpretation*, XIX, 2 (April 1965) 182-202.

来自于更早的一个意大利人文主义者瓦拉（Lorenzo Valla）。这个人在其 33 岁的时候，使用其考据方法揭露出所谓名为"君士坦丁的赠礼"的文件实系伪造（1440 年），而使得这种历史—文本考据的方法闻名于世。瓦拉接着把这种方法用于武加大拉丁本的新约圣经考察中。这种方法的基本要点就是把这个版本与所得到的其他原文抄本进行比较和校勘；并根据希腊原文抄本对这个神圣文本的某些字句提出了疑问，有些进行了一些注释。瓦拉的这些注释手稿在 60 年后被伊拉斯谟在一家修道院的图书馆中发现，经过他的整理后，这些注释于 1505 年在巴黎出版。伊氏并不满足于此，而是继续新约原文手抄本的考据工作，直至 1516 年第一版希腊文新约圣经的出版。当加尔文写他的塞内卡注释的时候，他不只是引用到伊氏编辑的希腊文新约圣经，也引用了瓦拉 1442 年出版的李维所写第二次布匿战争史的非常好的校勘本。[45]

　　或许就是瓦拉和伊拉斯谟等人文主义者在圣经方面所作的考据工作，使得加尔文像当时的很多改教家一样，从对当时教会的流行传统的依赖中出来，特别是对教皇制的迷信中出来，第一次对圣经有了更直接的认识。这种影响持续到多年以后。当加尔文听到特伦多会议（Council of Trent）仍然宣布武加大译本是唯一可靠的文本时，他的反应是："什么？在瓦拉、菲伯（Faber）、和伊拉斯谟的著作随处可见，如此明确地证明其有无数地方存在着不确定之处，甚至孩子都知道，他们还好意思声称武加大新约译本具有权威性？"[46]

　　第三，在加尔文的那个时代，人文主义（当时还没有这个词）与基督教之间并不存在着我们今天这样分明的界线，所以选择注释塞内卡并不与加尔文或者其他学者的基督信仰相冲突。这一点正如帕克所说："塞内卡对 16 世纪的人来说并非今天我们意义上的世俗作家。哲罗姆（Jerome）不是因为相信他与圣保罗的通信而直接把他称为基督徒吗？这些信件肯定被收在伊拉斯谟所编的塞内卡的这本书中。因此，加尔文所选择注释的不是一个异教思想家，而至少是一个同情基督教的思想家。"[47] 这个意义上，对 16 世纪的人来说，塞内卡可以被确定为一个同情基督教的斯多亚思想家。他的许多观念在当时

---

45 *Calvin's Commentary on Seneca's De Clementia: with introduction, translation, and notes*, p.74. lines 34f, 39, notes.

46 《第四次会议文集》（Quartam Sessionem Antidotum），1547, ed. Stoer, col. 5(1611); tr. Beveridge.

47 Parker, *John Calvin: A Biography*, p.27.

的人看来，与基督教的教义有相当强的对应性。这使得加尔文可能侧重在两方面观念的相似性，尽管它们之间可以存在着一定的区别。[48]

其实早在古代，塞内卡就在教父中享有比较高的地位。有一位叫拉克坦丢（Lactantius）的教父就曾表达过一个广为人所赞同的看法，即当他引用了塞内卡之后，不由地感叹说："有哪一位认识上帝的人能够比这位不认识真宗教的人说的更真实？"[49]奥古斯丁在他的《上帝之城》第六卷中不只是大段地从塞内卡的《论迷信》（De Superstitione，现已失传）中直接引用，还高度赞扬了他所有的那种自由，让他在那个时代能够与罪恶及迷信斗争。当然，奥古斯丁也不赞同斯多亚派的智者及其无情的境界。[50]

在加尔文的时代，有人甚至将塞内卡看作是一个基督教思想家。法拉尔（Dean Farrar）在评论塞内卡的伦理思想时，认为他非常接近基督教思想："确实，作为一个哲学家和道德主义者，他给我们提供了华美与雅致的真理体系，而如果不是基督教的光照，无人能够达到这样的思想。古代思想中最纯粹及登峰造极的学派就算是斯多亚派了，而在其中谁能比塞内卡更加热情、优雅、有灵感？因此事实上，他确实近乎达到了基督教的真理。他是怎么得到这些而没有通过启示，无疑让人感到惊奇。"[51]

在加尔文的注释中，我们可以找到很多证据，说明在加尔文的观念中，存在着一种普世性的道德基础，其对基督徒及非基督徒来说都是有效的。这个观念后来导致了加尔文关于自然法及普遍恩典的论述。不过在这里，无论如何，加尔文会视塞内卡为一个对人的内在道德有造就的思想家。关于这一点他曾有过如下的评价："我不愿意再停留在这里，但允许我再说一句，无论如何，我们的塞内卡是仅次于西塞罗之后、罗马哲学与文学的真正柱石。"[52]

总之，笔者认为，在加尔文思想发生转向的这个时期，加尔文本人没有我们今天意义上的人文主义思想与基督教神学之间的分别。这种分别是17-18世纪启蒙运动之后，由于人文主义这个概念的含义发生了变化，即由一种基

---

48 Ibid. p. 28.

49 Lactantius, *Divinae Institutiones*（《神圣原理》）, xiv.6.

50 参见 Augustine, *De Civitate Dei*（《上帝之城》）, 第九卷，章4-5（情感）；第十四卷，章8（悲伤）。

51 F. W. Farrar, *Seekers after God*, p.5. Cf, *Calvin's Commentary on Seneca's De Clementia: with introduction, translation, and notes*, p.50*.

52 *Calvin's Commentary on Seneca's De Clementia: with introduction, translation, and notes*, p.13

本上指人文学科、论辩及写作方法转变为以人为最终价值和实体的世界观，所导致的结果。在加尔文所在的 16 世纪，特别是在法国及北欧等受到伊拉斯谟人文主义思想所影响的地区，人文主义基本上可以指基督教人文主义。只有假定人文主义与基督教神学之间，对加尔文而言，无所谓我们今天意义上的分别，我们才能够理解何以加尔文在思想的转向后会选择注释塞内卡的《论仁慈》一文。其实在某种意义上，这本注释就是加尔文对"真敬虔的知识"的一种追求。如果我们把转向之后加尔文改教思想的形成分为两个阶段的话，那么从写作《塞内卡论仁慈注释》到写作《要义》前的这一段时期，可以看作是其神学思想的探索期；而其《要义》在 1536 年的出版则标志着其思想发展进入到第二个阶段：神学思想的形成期。这两个阶段的主要区别是，在第一个探索阶段，加尔文还处在其所在的人文主义改革者这个群体的影响之下；而到第二个阶段，加尔文已经将他的神学思考与他的圣经注释、及教会实践联系起来。

四、加尔文思想中的人文主义方法

从以上对加尔文思想的转向及第一本书的写作所做的分析来看，如果转向意味着加尔文转向了宗教改革的话，那么与其说这种转向来自于加尔文和人文主义的分裂，不如说这种转向正是当时人文主义思想带来的结果。这个意义上，人文主义对加尔文宗教改革思想的形成就具有非常积极的意义。尽管，在我们所说的他的改教思想的探索期中，加尔文所受到的人文主义影响更多地表现为他所在的参与宗教改革的人文主义者群体的影响，但这种人文主义的影响其实并没有只停留在这个时期，而是在加尔文的神学思想中留下了深刻的印记。本节中我们可以从三个方面来看这种人文主义方法的具体表现。

首先，加尔文改教思想中的人文主义方法的第一个体现就是，"对人的关切"取代了中世纪晚期贯穿于整个经院哲学的"对理论（体系）的关切"。对加尔文来说，"对人的关切"才是"真敬虔的知识"。

研究 16 世纪文艺复兴运动的专家鲍斯玛（Bouwsma）把西方的人文主义传统与其哲学传统区别开来。认为人文主义传统是指"古老的论辩传统（rhetorical tradition），自少在苏格拉底与普罗泰戈拉的对峙出现之后，人文主义与哲学的张力就存在了。作为最著名的怀疑论者，普罗泰戈拉怀疑人类是否有能力获得哲学家们所追求的确定性。他相信人类知识只能够达到可能的意见；语言尽管被看作是实在的镜子，但也只是人们沟通的暂用工具。这个立场已经被伊索克拉底（Isocrates）转化为更有系统的教育方法，并且由讲希腊语的论辩术教师传递到罗马，使得文艺复兴时期的人们得以在西塞罗和昆提利安（Quintillian）的著作中看到"。[53]

如果文艺复兴时期的人文主义更多地是指一个"论辩的传统"，那么这种论辩（rhetoric，亦可译为修辞、雄辩、教化等）的基本含义是什么？按照鲍斯玛，这里所谓论辩是指一种"感化的艺术"（the art of persuasion），而不是指逻辑的论证；前者把人看作是一种有情感的、主动的、社群的，而非单纯理智化的存在者。因此语言不首先被看作是承载有关世界真理的媒介，而是存在于社群中活的生命的基本成份，可以燃起情感、激发意志，从而使人进入到行动之中。"论辩，用科拉西奥·萨鲁塔梯（Coluccio Salutati）的话来说，能够'激发灵魂、点燃心灵的火。'"[54]

而哲学传统，在16世纪更多地是通过中世纪晚期的经院哲学体现出来。这种传统突出的是逻辑方法与思想体系。思想离开了活生生的人而被组织到一个体系化的结构之中。因此，文艺复兴时期的人文主义者首先反对的是经院哲学的方法，这种方法是与繁琐的教义体系联系在一起。因此，从语言的角度来看，文艺复兴时期"回到源头"的口号，具体就体现为从繁琐的教义回到圣经，从亚里士多德的逻辑思辨回到福音书中日常的语言，从单纯的思辨进入到一个处境化的对话中。或许就是在这种背景之下，按照鲍斯玛，加尔文"在文艺复兴时期的人文主义所假设的人格性及知识的可能性中找到了逃出哲学迷宫的道路。"[55]

笔者无意完全认同鲍斯玛对加尔文的解释，即强调加尔文当时的生存中精神有如处"迷宫"之中的焦虑，从而将加尔文归在普罗泰戈拉所代表的怀疑论者的阵营中。其实，从基督教的历史上来看加尔文在其时代所面对的两种传统，那么这两种传统的区别更多的表现为是柏拉图－奥古斯丁传统与亚里士多德－阿奎那传统的区别。而从方法上来看，似乎集中在柏拉图与亚里士多德所用方法的区别。加尔文不过是回到了前一个传统中，更多地使用了

---

53 Bouwsma，John Calvin: A Sixteenth Century Portrait, p.113.

54 Bouwsma, *John Calvin: A Sixteenth Century Portrait*, p.114.

55 Bouwsma, *John Calvin: A Sixteenth Century Portrait*, p.113.

柏拉图的方法而已。在笔者看来，这种方法的一个突出特征就是其论辩或者教化（rhetorical）的特征，即更接近于一个处境化的对话的特征。换言之，加尔文在写作的时候，与其说他在构建一个理论体系，不如说他在与他同时代的人对话，并在这种对话中去感化他的对象。如果我们把加尔文的《基督教要义》看作是他神学思想的集中体现的话，那么这本书并不像有些人所认为的今天意义上的系统神学的著作，其实它更接近于一本对话或者论辩的书。在其中加尔文似乎与两类对象进行对话：那些哲学家们——既包括当时代经院哲学家也包括古代的哲学家；以及敬虔的人——所有那些想要阅读或研究圣经的教会信众。他的目的不是为了让人们停留在这本书所讨论的一些主题中，而是为了能够进入到《圣经》的语境之中。[56]

如果我们从这种"人文关切"与"理论关切"的区别来理解 16 世纪的人文主义，那么启蒙运动之后的那种人为终极实体之世界观的人本主义其实并不必然是"人文关切"的，它照样可以是"理论关切"的，即围绕着一种抽象的"主体"或"理性"进行的思想建构。今天以人文学名义进行的研究更多关注的是使用了哪种学术的方法与进路。著述更接近于一种学术的"游戏"，目的只是要得到日益分化缩小的本专业共同体的认可。或许这就是人们所说的思想家与学者的区别。加尔文本意是想成为一个学者，但在那个时代他却成为了一个思想家。这里我们谈到他的人文主义方法，其实不只是涉及到他所用的"论辩"方法，从一个更深的层面上看，涉及到他对日常生存中普通民众的基本的"关切"。相对于构建一个理论体系，他更关心怎样能够"激发灵魂、点燃心灵的火"。

如果说人文主义的论辩方法有着直指人心的力量，那么这种方法具体表现为因人施教，即为了感化的原因而有意地适应听众。其实，语言上的修辞不只是语言上艺术性的问题，而是承载着教化（rhetorical）的功用。因为它的首要目的就是感化（persuasion），或者在直指人心之际，激发起人的热情与意志，从而可以化为行动投入其中。而为了达到这种感化的目的，加尔文认为可以采用两种方式：因人施教（decorum），以及寓意、或形象表达（figure），这构成了加尔文的教育理念。"一个有智慧的教师使他自己能够按照那些受教学生的理解力来调适自己。他在教学中首先使用的原则就是，要让理解力弱

---

56 加尔文，《要义》，致读者。

的或者无知的人能够跟得上。总之，他要使他的教导一点一滴地渗透进去，而不是流溢出来。"[57] 例如对于比喻的方法，加尔文认为对于交流来说十分重要。"尽管形象表达不够准确，但它却包含有更多的含义与优雅，而如果不用形象去简单地表达这些内容，则既缺少力量也不优雅。因此，比喻被称为讲演的点睛之笔，不是因为它们比简单适当的语言更能够正确地解释事情，而是因为更能够用它们的得体引起关注，用它们的形象唤醒心灵，通过把所说的活生生地呈现在人们的眼前而有直指人心的力量。"[58]

其次，加尔文神学思想所受到的人文主义方法的影响还体现在他对《圣经》文本的诠释与关注上，即从中世纪晚期对教义体系的关注，回到对《圣经》的关注。换言之，他对人的关切是从一种神圣源头出来的关切。

人文主义对加尔文的这个影响主要体现在：回到《圣经》，以及回到早期教父对《圣经》的解经传统。"因为在这一生中，不管我们如何努力，我们不可能在圣经每段经文的理解上达到完全一致，所以我们一定不要被追求新奇的心所牵动，也不要流于粗俗、抱着怨气、或为野心所激励，而只做必须要做的，若是有益，依循早期释经的方法。"[59] 实际上，加尔文非常重视从早期教父那里求得释经的引导。因为"他们的敬虔、学识、圣洁使得他们具有如此大的权威，以致我们不能够轻视他们所写的任何东西。"[60]

尽管塞内卡注释是一本人文主义色彩很浓的著作，但加尔文通过注释此书所学习到的方法却影响到以后的神学思考，特别是对于《圣经》文本的解释方面。可以说，加尔文是一个"圣经神学家"，他一生大部分的著作、也是他一生主要追求的写作就是几乎所有圣经经卷的注释；而人们常引用的《基督教要义》不过是这个《圣经》注释系列的"导言"，表明他的神学正是建立在这种对《圣经》文本的注释的基础上。

单从方法的角度来看，在这个方面他的人文主义方法的特征表现在：《圣经》是一本带有修辞（rhetorical）特点的文献，它需要按照一定的方法给予解释。在他看来，福音书的写作"并不总是严格按照事件发生的秩序，而是将这些事件如此地连接在一起，使得对认识基督来说最重要的方面能够呈现在

---

57 Calvin, Comm. I Cor. 3:2.
58 *De vera participatione caunis et sanguinis Christi in sacra coena,* CO IX, 514. Cf. Bouwsma, *John Calvin: A Sixteenth Century Portrait*, p.117.
59 Calvin, Comm. Rom., ep.
60 Calvin, Comm. Ron., ep.

我们面前。"[61] 而《圣经》的语言特征，决定了加尔文对于《圣经》语言的看法，以及他自己所使用语言的特点。

他特别强调《圣经》作为上帝的话语，是上帝"俯就"我们人类的理解力，而特别使用的一种语言方式。上帝向我们言说事物"乃是根据我们理解它们的能力，而不是按照它们所是的。"[62] 正是考虑到不同的时代、不同的认识方式，圣灵总是按照人的软弱而因材施教。[63] 就这个方面来说，上帝是不偏待每个人的。上帝"不只是教导有知识的教士，在学校中受过教育的聪明人，他也俯就那些最粗俗的普通人。"[64] 在这个方面，加尔文对经院哲学方法的反对，使他具有一种平民意识。他的神学是为普通民众服务的神学，不是为着特别的理论论证而存在的，目的是在实践中于人的属灵生命的成长有益。这是可能的，因为它是可以被普通的人理解的。

从这种俯就的语言观来看，把圣经当作是上帝的启示，即具有宗教意义上的最终权威，与使用一种感化的人文主义方法并不冲突。从更宽一点的意义上讲，对加尔文而言，持一种神圣的基督教信仰的立场与其寻求一种直指人心、燃起灵魂之火的论辩方法并不必然冲突，甚至可能是需要相互关联的，否则论辩很容易变成一种游戏。

在这个层面上看，把《圣经》当作是上帝的启示，即具有宗教意义上的最终权威，与使用一种感化的人文主义方法并不冲突。从更宽一点的意义上讲，对加尔文而言，持一种神圣的基督教信仰的立场与其寻求一种直指人心、燃起灵魂之火的论辩方法并不必然冲突，甚至可能是需要相互关联的，否则论辩很容易变成一种游戏。

第三，加尔文思想中的人文主义因素还体现在他对理性功用以及普遍恩典的肯定。

加尔文尽管强调人性的全然败坏，但他主要是在属灵的层面上讨论这种败坏带给人的影响，而没有否定按上帝形象被造的人在世俗的事务中所具有的优越能力。为此，他区别了两类的事，即地上的事（earthly things）与天上的事（heavenly things）。"我所谓天上的事，指对神纯洁的认识、真实义的途

---

61 Calvin, Comm. Matt. 4:5.

62 Calvin, Serm. No. 34 on Job, p.423; on the general point, cf. Battles, "God was Accomodating Himself", p.19-38.

63 加尔文，《要义》，IV，7，5；Calvin, Serm. On John 1:1-5.

64 Calvin, Serm. No. 4 on Job, p.63.

径、及天国的奥秘。"对于这些属灵的事情，人的堕落产生的结果就是：人的灵魂已经不能对此有清楚的认识。而所谓"地上的事，我指所有与神及他的国、与真正的义及永世的福无关的事，只与今世有关，并限于今世的范围内。"[65] 如果把这些地上事罗列出来的话，它们包括"政治、经济、机械技术、人文研究"等，人的智力在这些方面仍然具有让人惊奇的能力。这里，加尔文使用了一个重要观念："普遍恩典"。正是在上帝的这种普遍恩典之下，他肯定了人类在科学、艺术、社会管理方面取得的成就。例如在科学方面，他说："主若喜悦我们在物理学、修辞学、数学，以及其他学科上，借不敬虔之人的成就和劳力得到帮助，那么我们就当使用这些帮助。我们若忽略神在这些学科上白白赏赐人的才能，我们理当因这种忽略受罚。"[66]尽管在神学思想层面，探讨作为创造者的上帝有很多可能争论的方面，但在加尔文那个时代，这个思想却为近代的科学提供了一个最为基本的动机：研究这个世界以便让自己的眼睛看到最为智慧的上帝的荣耀。

65 加尔文，《要义》，II，2，13
66 加尔文，《要义》，II，2，16

第二章　人观的思想

灵魂（soul）这个概念现代人已经很少使用。今天我们更多用心智（mind）或"精神"（spirit）来表达与之相类似的概念。不过在启蒙运动发生之前，对于生活在宗教改革时期的加尔文来说，对灵魂的理解与论述其实表达了他对人之为人的理解，因此是他人观教义思想的核心内容。如果说从基督教的角度看，人是按照上帝的形象被造的，那么人所具有的上帝形象，据加尔文看来，乃是居于人的灵魂之中。[1] 因此，理解加尔文对人的灵魂的论述，对于了解他的人观思想有着重要的意义。

一、关于灵魂的定义

在他的《基督教要义》第一卷中，他对灵魂有如下的定义："我所说的'灵魂'（soul）指的是不朽却被造的本质，也是人最高贵的部分，有时称之为'灵'（spirit）。"[2] 在这个定义中，我们可以看到，作为人"最高贵的部分"，灵魂之所是表现出了人之所是，即人作为人的本质方面。加尔文在强调灵魂是人的本质时，乃是将这种本质与身体相区别的前提下。就是说，并非人的身体是人的本质，只有灵魂才是人之为人的本质。其实这句话中的"本质"（essence）一词也可以理解为某种"实体"，灵魂构成了人之为人的实体。这表达出灵魂的一个重要特征就是：当人死亡的时候，虽然身体朽坏了，但灵魂却持续地存在以至不朽，这表明了灵魂的实体性。

1　加尔文，《要义》I，15，3。
2　加尔文，《要义》I，15，2。

身体是可朽的，而灵魂是不朽的。加尔文虽然用不朽来标识灵魂的基本特征，但与古希腊思想有别的是，加尔文同时强调灵魂是一种"被造的本质"。当他强调灵魂的被造性时，反映出他依然保持在基督教的传统中来论述对灵魂的理解。就是说，虽然灵魂作为一种实体，具有一种不朽的持续存在的特征；但它并非如希腊哲学家们所说的那样，本身自永恒中就存在，并且一直持续到永恒。按照基督教的观念，灵魂虽然具有指向未来的持续不朽性，但却同时具有被造的起始点，表明其本质来自一个更高的实在的源头。因此灵魂本身并不是自在的实体，而是一种需要依靠其所来自的那个更高实体才能成为其所是的那种实体。如加尔文所表达的："当灵魂从肉体的牢笼得自由时，神就是灵魂永久的护卫者。"[3] 在现代哲学讨论对人的认识的时候，所作出的"本质主义"与"非本质主义"的分类中，加尔文显然是被分在前者之中的。但这个归属又不适合加尔文，因为人的灵魂作为实体的意义，其实源自于一个更高的实体。如果将后者取消的话，单单强调人的灵魂作为实体的意义，显然是回到了希腊的哲学传统中，自然会有"本质主义"与"非本质主义"的争论。所以需要将这种不朽性与定义中的"被造性"特点联系起来，才能比较完全地理解加尔文对灵魂的定义。

二、灵魂的不朽性

灵魂作为一种实体，特别是与人的身体相区别的人的本质，其最为重要的特征就是其具有不朽性。现代人接受的基本观念是"人死如灯灭"，在日常生活中怎么会感受到灵魂的存在？凭什么肯定其具有不朽性？加尔文在其《基督教要义》第一卷中，从几个方面详细地回答了这个问题。

首先，"辨别善恶的良心及对神的审判有反应就是灵魂不朽的证据。"[4] 人良心的呈现，特别是对自己的罪行感到羞愧，以及在死亡的审判面前感到恐惧，既是灵魂存在的证据，同时亦表明了灵魂的不朽性，因为这种恐惧已经越过了死亡，即对死亡之后的可能景况感到恐惧。

其次，从人拥有的理智角度看，人的理智能够超越身体的限制，"人心灵敏到能探究天地以及自然的奥秘"；同时，"也能从过去的历史推知未来"；

3　加尔文，《要义》I，15，2。
4　加尔文，《要义》，I，15，2。

这些都是身体所不能做的，"所以人的灵魂必定是这知识的来源。"⁵ 这是灵魂存在的第二方面的证据。当然，加尔文并没有按照柏拉图的思路接着说，人的灵魂原本就具有这些知识，因而是通过回忆得到这些知识。其实在加尔文看来，灵魂是这些知识的来源只是说乃借着灵魂所具有的功能而得到，就如光是借着这扇窗户进入到房间中一样。他后面明确地表达，人的灵魂能够得到这些知识乃是因为圣灵在其中光照的结果。⁶

　　第三，人的睡梦或者潜意识的活动，超越了人身体的、甚至有意识的心理活动，而将人与一个超越的世界联系起来。"睡眠本身使人看起来像被麻醉，也像死了一般，但它却是灵魂永恒性的明证，因在梦中会想象从未发生的事情和未来的事。"⁷ 这里与其说加尔文与现代潜意识的观念接近，不如说他是受到《圣经》传统的影响。在《圣经》中，睡梦是人们超越自身意识的限制，而与上帝或其所差派天使有所联系的可能途径之一。甚至《圣经》中将人死看作是睡了，好像是在说，如果人在睡梦中有可能与充满了各种在这个世界中未发生之事情的另一个世界相关联的话，那么有什么论据能够否定人死后不是同样如此呢？

　　第四，加尔文上面的论证还只是从人的生存角度、借助于人能够理解的经验来论证人灵魂的不朽性。其实除了这个角度，对于加尔文来说一个更重要的角度就是从《圣经》的角度来看灵魂的存在及其不朽性："对灵魂存在问题另一个可靠的证据就是，人以神的形象被造这一事实。"⁸ 这里，加尔文将其作为一个证据来自于这样一个思想前提：人所承受的来自上帝的形象肯定是不朽的，并且正是这形象导致了人与动物的区别。因此，如果人承认自己与动物确有区别，这正证明了人有灵魂的事实，因为这些不同只能够通过灵魂这个本质表现出来。

　　当加尔文在这里强调灵魂的持续不朽性，在这个意义上将灵魂当作实体来看待时，还是可以看到他所受到的柏拉图思想的影响。这种影响特别表现在他认为灵魂的持续不朽性与身体的可朽性进行对比时，呈现出灵魂在本质上相对身体的独立性："当灵魂从身体的牢笼得释放时，除非它得以存活，否

5　加尔文，《要义》，I，15，2。

6　加尔文，《要义》，II，2，13。

7　加尔文，《要义》，I，15，2

8　加尔文，《要义》，I，15，3

则基督说拉撒路的灵魂在亚伯拉罕的怀中享福，又说那财主的灵魂被判受可怕的折磨，就是荒唐的（路 16：22-23）。"[9] 这里我们注意到，在这短短的一节中，就出现了两次"灵魂从肉体的牢笼中得自由（释放）"的表达；而我们在柏拉图的著作中非常容易找到与之相类似的表达；似乎反映出灵魂渴望从身体中逃离出来而独自存在的倾向。

但因为他受到基督教思想传统的影响，将人的身体及灵魂都看作是上帝的创造，因此也需要注意到两者之间的相互关联性。在加尔文看来，灵魂"依附在人身体上，居住在身体内就如在房间里。"[10] 那么灵魂在身体这个房间中具有怎样的功能呢？

三、灵魂一般的功用

在加尔文的论述中，灵魂在人的身体中，主要起两个方面的作用：第一，"不只是赋予身体生命，也使各部分的器官发挥功用，并统治人的生命；"[11] 具体地说就是让身体的各部分活起来、动起来，充分地发挥身体各器官的功能。这个方面，加尔文基本上继承了旧约圣经所传递的希伯来传统，即把灵魂看作是身体之活力的原则。

第二，"灵魂不仅使人尽日常的本分，也同时激励人尊荣神。"[12] 这个方面是比较灵性的方面，涉及到人与上帝相关联之内在生命的方面。这第二个方面似乎不太容易被今天的人所理解。其实在去宗教化的人文背景下，这个方面在人的经验中可以理解为人的荣誉感或羞耻感。还原到有神论的背景下，按照加尔文，人最大的尊荣就是被上帝所肯定，从而体验到人生存之最大的意义。因此可以说，在人日常生活中受到荣誉感或羞耻感的驱动其实埋藏有"宗教的种子"。[13]

就这第二个方面，加尔文进一步发挥说："倘若人对快乐完全无知（而与神联合是快乐的极致），那他就没有达至神赐他理解力的主要目的。因此，神给人灵魂的主要目的是使人渴望与神联合。所以人越想亲近神，就越证明他

9　加尔文，《要义》I，15，2。

10　加尔文，《要义》，I，15，6。

11　加尔文，《要义》I，15，6。

12　加尔文，《要义》I，15，6。

13　加尔文，《要义》I，15，6。

拥有理性。"[14] 对于生活在启蒙运动之后无神论背景下的人，很难理解这句话，即渴望与上帝联合和拥有理性竟然有着这种紧密的关系。而对加尔文之前的时代来说，理性是人灵魂的基本特质，是人与上帝连接的所在。如果与上帝这终极实在的连接是快乐的极致，也就是人灵魂得以满足的极致，那么这正是灵魂实现其作为理性被造之价值或意义所在。在亚里士多德看来，这是进入到那种"静观"的结果（最大的幸福）；而用柏拉图的话来说，这是人进入到出窍或入神之状态的结果；但无论是用"静观"还是"入神"来描述，这都是理性所能达到的最高境界。

四、灵魂堕落前的状况

在进一步论述到灵魂的具体功能的时候，加尔文首先对传统中划分灵魂功能的方法进行了分析。在加尔文看来，即便灵魂反映了上帝的形象，但他并没有沿用奥古斯丁的三分法来理解灵魂的功能："奥古斯丁揣测灵魂是三位一体的反射，因人的灵魂有理智、意志，以及记忆力，然而这并不正确。"[15] 他也对古代哲学家们对灵魂所给予的三分或五分法进行了分析，认为这些划分很容易导致人对灵魂功能之认识上的混乱。[16]

加尔文自己将灵魂的功能简要地分为两个基本的因素："人的灵魂包括两种不同的机能——理解力与意志。理解力的作用就是按照是否值得认同去分辨事物，而意志的作用是选择和跟从理解力所赞同的，并拒绝和回避理解力所不赞同的。"[17] 从这里看，作为灵魂的理智因素，它的作用就是按照某种价值观念去分辨善与恶的事物；而意志或情感则是按照理智的分辨与判断去作出选择。这种划分比较简要地概括出灵魂所发挥的两个方面的功能，并且重要的是，将这两个功能之间的秩序关系突出出来。这两个功能之间的秩序关系是灵魂是否能够正常发挥其功用的关键。

所谓正常的秩序关系，在加尔文看来，只是在亚当还没有堕落之前，灵魂正常发挥作用的情况下存在："神原先赐给亚当的正直，因他当时有完整的悟性且他的情感也在理智的支配之下，他一切的知觉都有正确的顺序，并且

---

14 加尔文，《要义》I，15，6。
15 加尔文，《要义》I，15，4。
16 加尔文，《要义》I，15，6。
17 加尔文，《要义》I，15，7。

他当时将他一切卓越恩赐的荣耀都归给神。"[18] 从加尔文这里的论述来看，在亚当没有堕落之前，人的灵魂具有如下的特点：第一，有完整的悟性。即其所具有的理解力能够分辨出善恶，这善恶就是上帝的旨意或引导，而非今天流行的道德观念。这里理解力重在分辨的能力。第二，人的意愿或情感完全在理智的支配之下，因此理智对人起到正面的主导作用。只有脱离了人的理智支配的情感才会变成人的私欲，而将人引向偏离理智的方向。这里意志的作用重在选择上。

因此正确的秩序是指，意愿或情感完全是在理智的支配与引导之下。意志能够按照理解力的分辨，去选择善的方面。如果意志能够在理智的引导下，选择其分辨为善的方面，那么我们就说人的意志是完全自由的。"人当时对善恶的选择完全是自由的，甚至他的心和意志是完全正直的，且他全身上下都合作无间地帮助他顺服神，直到他自我毁灭，丧失一切的福分。"[19]

加尔文在分析灵魂的功用时，首先讲的一般的情况，即亚当堕落前的情况。在他看来，这种情况也是以亚里士多德为代表的希腊哲学家所理解的情况："只要我们接受理解力是灵魂的向导和管理者就够了，且意志总是留意理解力的命令并和欲望一起等候理解力的判断。亚里士多德也有同样的教导：欲望的拒绝或追求和理解力的赞同与否相呼应。"[20] 总之，一幅理想的图画就是："理智是引领人过良善与幸福生活的最佳原则，只要它坚守自己的卓越性并发挥大自然所赏赐的力量。"[21] 理智坚守自己的卓越性，即不被感官或情欲带来的假象所欺骗。同样，对于意志来说也一样，可以在究竟是顺从理智的引导还是屈服于感官的诱惑之间，独立地作出自己的选择。就是说，"意志是自由的，它就能在一切的事上毫无拦阻地顺从理智的带领。"[22] 在加尔文看来，以往哲学家们对人理智或意志的比较乐观的描述，对应到基督教的视野来看，只是一种理想的或亚当堕落前的情况。

---

18 加尔文，《要义》I，15，3。
19 加尔文，《要义》I，15，8。
20 加尔文，《要义》I，15，7。
21 加尔文，《要义》II，2，2。
22 加尔文，《要义》II，2，2。

五、灵魂的现实状况

　　然而，无论亚当在堕落前的状况有多好，对于像加尔文这样的基督教思想家来说，那毕竟是一种理想的或最初的状况。而现实中的人却只能生存于亚当堕落后的状况中。在这种状况中，不仅理智与意志都失去了其正常的功用，同时两者之间的正常秩序也混乱了。就是说，理智在失去其灵性的判断力后，就失去了其对意志及情感的影响与支配力。同样意志也失去了按照理智的判断去进行选择的能力，且在理智范围之外受到私欲的支配。于是，堕落后灵魂的总体趋向是向着选择恶的方向。

　　当然，按照加尔文所代表的基督教传统，尽管现实中的人生存在这种堕落后的状况中，他的意志是被私欲而不是被理智所引导，但是，除非有上帝清楚的启示，否则人们是不愿意承认的这种实际状况的："人并不认为恶念是违法的，因属血气之人拒绝承认他的意念是败坏的。"[23]

　　这也就是为什么在加尔文看来，古代的哲学家们不愿意承认现实中的人生存在这种状况中。反而"企图在废墟中寻找房屋，在混乱中寻求秩序。他们主张：除非人有选择善恶的自由，否则就不是理性的动物，若人无法按自己的计划决定自己的生活，那善恶就不存在了。若人没有堕落，那么哲学家们这样说是合乎逻辑的，但既然他们对人的堕落一无所知，就无怪乎他们将天地混为一谈！"[24] 是否承认堕落或者罪性对于人的本性带来了不能忽略的影响，构成了基督教思想家与一般哲学家对人认识的基本区别。

　　那么在加尔文看来，亚当的堕落对人灵魂的功用究竟产生了什么影响？这里我们先就堕落对理智的功能产生的影响谈起。按照加尔文的描述，理解力的功能表现出两个特有的因素。第一，"在人的本性中有某种与生俱来寻求真理的欲望；"[25] 就是说，人生来就有寻求真理的意愿。第二，"人的理解力拥有领会事物的能力，因人受造时的本性是爱真理的。"[26] 即人生来就拥有一种可以领会事物的能力。但问题是，在加尔文看来，生存于堕落之后的人，其理智的功用无可避免地受到罪性的影响。这影响同时体现在上述两个方面。

---

23 加尔文，《要义》，II，2，24。

24 加尔文，《要义》，I，15，8。

25 加尔文，《要义》，II，2，12。

26 加尔文，《要义》，II，2，12。

首先，对于人理智所具有的追求真理的意愿来说，"这种对真理的渴慕在它尚未发挥之前，就衰残并落入虚妄中。"[27] 虽然名义上有追求真理的渴望，但实现上并不能够发挥出来。似乎在某个闪电中看到一点方向，但很快就落入到黑暗中，在摸索中失去方向。表面上像是在寻求，但并不能够辨清哪些是应当寻求的真理或应当明白的事情。

其次，对于理智所拥有的领会能力来说，"事实上，他研究世俗的事比属天的事更有技巧，当他思考天上的事时，特别感到自己的有限。"[28] 这里，加尔文继承了路德的区别，即将事物区别为"较低的事情"（the lower things）与灵性的事物（spiritual things），而堕落后的理智只能领会前一类的事情。[29] 其实，按照加尔文自己的看法，这种区别更早来自于奥古斯丁："我也承认神学家们普遍接受的奥古斯丁的这个论点，即人肉体的机能已因罪而败坏，属灵的恩赐已完全丧失。"[30]

理智对于属灵的事物已经失去了洞察力。对加尔文来说，"属灵洞察力主要包括三件事情：一、对神的认识；二、明白神对我们父亲般的恩惠，因为这就是我们的救恩；三、明白如何照神的律法行事为人。"[31]

前两点争议似乎不是太大，而在第三点上，因为涉及到良心与自然律在一般人心中的运用，显出律法的功用刻在人的心中，所以要更为复杂一些。加尔文追随了保罗的精神，清楚地界定"自然律（良心）的目的是叫人无可推诿。自然律极好的定义是：良心对是非的判断，这判断充分到人无法以无知为借口，在神前由他们自己的见证定他们的罪。"[32] 就是说，自然律或良心在人的日常生活中只是发挥了它的消极作用，即叫人（事后）无可推诿的作用，而不是积极作用，即引导人主动地遵循自然律去行事为人的作用。

在加尔文看来，人心中的自然律难在在人的日常生活中发挥其积极作用，主要在于，即便很多人知道一些自然律的原则，却依然在现实生活中难以将其行出来。加尔文分析了很难行出来的两个重要原因：第一，这原则被人提

---

27 加尔文，《要义》，II，2，12。

28 加尔文，《要义》，II，2，13。

29 Luther, the sermon on Exodus, 18, W. A. 16, p. 354; the commentary on John I, 8, W. A. 46, p. 587.

30 加尔文，《要义》II，2，12。参见 Augustine, *On Nature and Grace* 3. 3; 19. 21; 20. 22（MPL 44. 249, 256 f.; tr. NPNF V. 122, 127 f.）。

31 加尔文，《要义》II，2，18。

32 加尔文，《要义》II，2，22。

到的时候多数是针对或要求其他人的，一旦用在自己身上就总会出现例外的情况。[33] 第二，即便是有些原则在某种特别处境下一时行出来的，也不一定真是出于内心完全的顺服，在被动遵循中，人总希望寻找机会来摆脱。

不过，除了属灵的洞察力受到堕落的影响之外，理智并没有因为堕落而丧失其全部的领会能力，即还保留着对世俗事物的领会能力："为了清楚发现人在任何事上理解的程度如何，我们必须在此做区分，即对世俗之事的理解，以及对天上之事的理解。"[34] 加尔文进一步明确地解释了这里所谓"世俗之事"即与"天上之事"相对的地上的事物，其中包括政府（政治）、家政、科技、文学与艺术等。

例如在政治领域，加尔文说明，人作为一种群居的动物，生来就"存有某种社会公平交易和秩序的观念。"[35] 这是自然律在人的理智中的表现。因为这种生来就有的秩序观念，人并不需要读过法律课或与法官打过交道才知道法律的一些基本原则。"社会秩序的某种原则深植于所有人的心中，这是事实，也充分证明今世所有的人都拥有理智之光。"[36]

在科学领域，加尔文将科学家所取得的成就归于圣灵赐给科学家们的灵感。圣灵是真理的源头，但他会为了人类共同的益处，照着不同受造物的秉赋来引导和使用他们的才干，随自己的意思赏赐灵感给不同的人，使他们在这些领域中取得卓越的成果。"当我们读到前人关于这一切的著作时，我们不禁对它们崇敬不已。又因我们对它们赞赏不已，所以不得不承认它们的杰出。但同时我们不能不承认任何值得赞美的或高贵的事物都是来自神。"[37]

通过这些领域的例子，加尔文最终得出结论：人的理智是生来就有的，正是这理智将人与动物区别开来。亚当的堕落虽使理智之属灵的洞察力失去，但对自然事物的领会能力上还有所保存。这就是加尔文所说上帝赐给所有人的普遍恩典，正因为这普遍恩典的存在，让人类还不至沦落到动物的层次，即还保留着与动物的区别。

33　加尔文，《要义》II，2，23。
34　加尔文，《要义》II，2，13。
35　加尔文，《要义》II，2，13。
36　加尔文，《要义》II，2，13。
37　加尔文，《要义》II，2，15。

六、关于意志自由的辩论

意志在人灵魂中的功能被看作为一种"选择的能力"，它本来在理智的支配之下，按照理智对善恶的判断而作出相应的选择。但在堕落之后，如果理智已经失去了对善的洞察力，那么一个自然的结论就是，意志只能够选择恶。就如加尔文所引奥古斯丁对自由意志的看法："他教导说自由意志是理智和意志的一种选择能力，它借助恩典得以择善，若无恩典就择恶。"[38] 要注意的是，这里所说的善主要是指上述与地上事物相对的、灵性的事物而言；因此是宗教层面上的，而不首先是道德层面上的。因此，与理智的情况一样，随着理智失去属灵的洞察力，意志也相应地失去了选择与之相关之善的能力。失去择善能力带来的结果就是：人的意志在没有清楚意识到的情况之下，就已经被世俗的事物或欲望所推动。

对于基督教思想家来说，意志受到堕落的影响最为重要的一种表现就是，即便理智由于某种灵感的作用作出一丝善的判断，人择善的"能力也微弱到难以下定决心并采取行动。"[39] 对应着保罗所说："我所愿意的善，我反不做；我所不愿意的恶，我倒去做。立志为善由得我，只是行出来由不得我。"[40] 就是在上面这两层的意义上，或者在没有清楚意识到的情况下已经被欲望所支配，或者即便意识到有更好的选择也没有能力付诸行动，基督教思想家因此称人的意志是不自由的。

关于人是否有自由意志的问题，自古代奥古斯丁与帕拉纠之间，到宗教改革时期路德与伊拉斯谟之间，一直都存在着激烈的争论。在加尔文的那个年代，针对着伊拉斯谟所写的《论自由意志》，路德以《论受束缚的自由意志》一文专门给予回应。两人在这个方面的争论正反应出基督教思想家对堕落所带给人意志的影响的重视。

不过，在下面讨论关于意志自由的辩论之前，分别下面两种不同的情况是十分有帮助的：说人的意志是不自由的，并非说人是在被迫地作出某种选择。其实人还是在按照自己的意愿作出选择（只是倾向于择恶而非善）；在这个意义上，意志可以说是自由的，或者是非被迫性的。加尔文不反对这层意义上意志的自由；但是他反对把这种表面上的自由称作是意志的自由。因为

---

38 加尔文，《要义》，II，2，4。

39 加尔文，《要义》，II，2，27。

40 《新约·罗马书》7：19，18。本书中《圣经》引文，皆出自和合本。

从本质上看，就人已经失去择善行义之"选择的能力"而言，人的意志是不自由的，即不再有自由意志："人不是被迫犯罪，但他却爱罪到不能不犯罪的地步，难道这是什么高贵的自由吗？……难道大多数的人听到人有自由意志时，不是立刻理解为他是自己思想和意志的主宰，且能凭自己的力量行善恶吗？"[41]

按加尔文的描述，那些认为人有自由意志的人提出四种反驳的异议，来论证人是有自由意志的。首先，赞成人有自由意志的人们提出的异议之一就是："若罪是必然的，它就不算是罪；若是自愿的，人就可以避免不犯。"[42] 这个观点在奥古斯丁的年代曾被帕拉纠使用过来与奥古斯丁争论。在路德的年代，则被伊拉斯谟使用来与路德争论。

对于这种异议，加尔文首先的回应是：人受到罪的辖制，对于犯罪来说感到无力抵抗（必然的）是来自于亚当："辖制我们犯罪的起源是人类的始祖——亚当，他离弃了他的造物者。若因这背叛，万人都被定罪是公义，人就不能用对罪无能为力作借口，因这是最明显定他们罪的证据。"[43] 就是说，每个人虽然是必然地（对罪无抵抗力地）犯罪，却还是要与亚当一起承担这罪。

同时加尔文说明，犯罪虽然是必然的，但在每个人那里同时也是自愿而非是被迫的。每个人其实都在一定程度上自愿地重复着亚当当年所犯的罪。加尔文曾引中世纪神学家伯尔纳在雅歌讲章中的一段话来表明这种既无力抵抗同时又自愿的关系："因此，人以某种无法言喻和邪恶的方式，在自愿和自由的必然性之下，同时是自由和受奴役的。就必然性而言是被奴役的，就意志而言是自由的，并且更奇异和悲惨的是人仍因自由而有罪，并因有罪而受奴役，结果是人因自由而受奴役。"[44]

第二，加尔文举出的赞成自由意志的人提出的异议之二是："除非善行和恶行是出于人自由意志的选择，否则人受刑罚或得奖赏就相互矛盾。"[45] 这个观点可以追溯到亚里士多德。当年帕拉纠也曾用这个理由来反驳奥古斯丁。

---

41 加尔文，《要义》，II，2，7。
42 加尔文，《要义》，II，5，1。
43 加尔文，《要义》，II，5，1。
44 加尔文，《要义》，II，3，5。
45 加尔文，《要义》，II，5，2。

对于这个异议，加尔文的回应首先关系到刑罚："当人犯罪时，这罪是出于自由或被捆绑的判断都无关紧要，只要它是出于人自愿的愿望。"上面已经论证了落实到每个人的时候，人犯罪都是自愿的，经过了自己的选择，因此应当为此承担责任。

而关于奖赏，如果人有任何的义行，也是因为来自上帝的恩赐，因此人没有任何可夸的。表明即便人可以立志行善，但若没有上帝的感动以及相应的恩赐，人自己也没有力量将其行出来。人在这个过程中所作的全部，就是顺服圣灵在人心中所做的带领。

赞成自由意志的人提出的异议之三是："若择善恶并非出于人的意志，那么所有人，既有相同的本性，不是全善就是全恶。"[46] 据说这异议来自于古代的克里索斯托。这个异议其实使用的是归谬法：无论全善还是全恶，都与人们当下生存的现实相冲突；毕竟在现实世界中还有一些人因为归信基督而与另一些人是不同的。因此这个异议有一个基本的前提：人有可能选择自己的信仰，也可能背叛已经有的信仰。本来人都是罪人，有着相同的罪性，只是因为一些人选择了信基督，而与其他人有了分别。

加尔文用上帝的拣选来作出回应：不是人自己意志的选择，而在更高的意义上乃是上帝的拣选使人有所不同。"所有的人生来都患同样的疾病，只有那些神喜悦医治的人才得痊愈。"[47] 上帝的拣选不只影响到人得到救恩，也决定了得到救恩的人不可能失去救恩。"没有其他原因能够解释，为什么有些人在真道上坚忍到底，而有些人一开始就跌倒。"[48]

赞成自由意志的人提出的异议之四是："除非罪人有顺服神的能力，否则劝他们是枉然的，责备他们是愚昧的。"[49] 这条也来自于帕拉纠。更明确地表达就是，上帝知道人有多大的能力，因此是照着人能够遵循的能力给人赐下了律法。如果上帝明知人没有这样的力量做到，却向他们颁布了这律法，这是上帝的不公义。

加尔文在对这个异议的回应上基本遵循了路德的思路，即律法的首要功用是要人认识到自己的无能与罪："长久以来，人们习惯用神的律例来衡量人

---

46 加尔文，《要义》，II，5，3。
47 加尔文，《要义》，II，5，3。
48 加尔文，《要义》，II，5，3。
49 加尔文，《要义》，II，5，4。

遵守的能力，看来似乎有些根据，殊不知这观点是来自人对律法可怕的无知。……其实，神颁布远超过我们能力的律法，反而是要显明我们的软弱。"[50]

这里要分为两种情况。如果一些人因为做不到这律法就更加刚硬地拒绝律法，那么这些律法就成为将来审判时定他们罪的证据。而对另一些人，看到自己无法达到律法的要求就认识到自己的罪及其无能，因此更愿意依靠上帝及其所差来的基督，那么上帝的圣灵就会帮助他们达到律法的要求。"律法就驱使我们求告神赏赐我们遵守律法的力量。若神只赐下命令而没有应许，我们可能就没有遵守的力量。"[51]

不过与理智的方面一样，亚当的堕落并没有完全消解意志的作用。在人的日常生活中，虽然意志在宗教信仰方面已经失去了选择的能力，但在世俗伦理道德的层面上，还是保留了一定的选择能力。比如，加尔文也注意到，在每个时代，总会有些人随其与生俱来的亮光追求美德，"热心地想做诚实人，就证明在他们的本性中存留一些纯洁。"[52] 这些人似乎可以选择作一个有道德的人，一生过着受人尊敬的生活。对此，加尔文这样解释道："然而在此我们当提醒自己，即使在这败坏的本性中仍存留一些神的恩典，这恩典却没有洁净人的本性，而是约束人的恶行。"[53]

对于不同的人来说，这种约束的动力或机制有区别。加尔文大致列出了如下四种情况：对于某些人，"主用羞耻感约束某些人犯各式各样污秽的罪；另有些人，主则用他们法律的惧怕约束他们，虽然他们仍继续犯罪；还有些人，则因以为过诚实的生活于他有益，所以追求这样的生活；又有一些人出类拔萃，为要控制他人。"[54] 上帝在他的护理中，对不同的人可能使用的方法不同。但总的原则是借着约束人的恶性不至过于表现，而维持着人类社会的秩序、以及人之间的道德及礼仪。

七、普遍恩典

在亚当堕落之后，人的理解力与意志在灵性的方面虽然已经失去功用，但在自然的功用上还有所保留。因此还没有完全失丧其作为人所特有的灵魂

---

50 加尔文，《要义》，II，5，6。

51 加尔文，《要义》，II，5，7。

52 加尔文，《要义》，II，3，3。

53 加尔文，《要义》，II，3，3。

54 加尔文，《要义》，II，3，3。

功用。灵魂在自然方面之功用的存留，被加尔文称为是上帝留给人的普遍恩典。在《要义》二卷的这个部分，加尔文对普遍恩典的论述大致可以概括出如下几重特征。

首先，它是所有人在其自然的秉赋中，无论是生活于何种的社会文化中都自然拥有的；不过，虽然也称其为来自上帝的恩典，这恩典却与救恩没有直接关系，而是与上帝对所有人及人类社会的护理有直接关系。

其次，普遍恩典的作用更多是维持性的，即无论是通过自觉（如道德）还是强迫（法律），帮助人保持着其与动物的区别，即不向着更为堕落的方向下滑。并不能够将人提升到更高的、灵性的层面上。

第三，普遍恩典在每个人或每种文化中是普遍存在的，但其表现的方式却可能会有区别。就个人的分别来说，在不同人的秉赋中的表现出来的不同天分，可以和上帝在其护理中对不同人有不同的呼召，将其放在不同的职分上关联在一起。

对于某些人来说，他们在某方面的品格或天赋上非常卓越，比如一些历史上的君王与伟人，加尔文认为最为准确与恰当的解释就是："这些天赋并不是与生俱来的，而是神在某种程度上赐给恶人特别的恩典。"[55]这里还将其称为恶人，并不完全是在伦理的层面上，乃是因为某方面的品格或天赋的突出，并不能够反映这个人的本性如何。如果有这些突出品格或天赋的人并不愿意为此将感恩归给上帝，那么这正证明上帝这特别的恩典只是表现在这些个别的方面，而没有涉及到当事者的救赎："人若没有荣耀神的热忱，也就没有正直的主要部分，而一切没有被圣灵所重生的人，都没有这热忱。"[56]

因此这只涉及到上帝对人的护理的工作，正是在这样的工作中，上帝因为对不同的人有不同的呼召，将不同的人安置在不同的职分上，因此会赐给不同的人与其呼召或职分相应的恩赐："神在对全人类的护理中，常将英勇的本性赐给他预定做王之人。从神的这作为中产生了历史上所记载伟大领袖的品格，这原则也运用在一般人身人。"[57]

---

55 加尔文，《要义》，II，3，4。

56 加尔文，《要义》，II，3，4。

57 加尔文，《要义》，II，3，4。

总之，加尔文在对灵魂功用的论述中，明确区别了亚当堕落前后的状况。在亚当堕落之后，人的理解力与意志在灵性的方面虽然已经失去功用，但在自然的功用上还有所保留；因此还没有完全失丧其作为人所特有的灵魂功用。人类还是因为这特有的灵魂的功用而与其他动物区别开来。

第三章 律法的功用

　　当马丁·路德举起宗教改革的大旗的时候，他所传达出的一个最重要的改革原则就是"唯有信仰"，或者更确切地说，就是"因信称义"。他以此来对抗当时天主教在宗教实践中所产生的偏向善功的倾向。人们"仅仅因信"基督为人所成就的恩典而在上帝的面前称义，不是靠着人自己的善行，或者任何遵守律法的行为。当路德在教授《新约·罗马书》的过程中醒悟到这个真理时，他在圣经中开始处处读到上帝的应许与律法的对立，上帝的恩典与人的行为的对立。对依靠善功而称义的反对，导致他对律法的功用形成了相当负面的看法。人们回到基督教信仰之根本的过程，似乎可以表述为就是人们常常要从自己依靠律法的倾向中出来，不断地回到上帝恩典之中的过程。

　　作为宗教改革之重要人物的加尔文，却向我们传达出改革家关于律法的另一幅图景。加尔文曾经接受过法律（博士）专业的训练，对于世俗世界的法律及圣经中上帝的律法都非常熟悉。他参与宗教改革时，虽然也追随路德，强调"因信称义"的原则，但他在 1536 年出版他的第一版《基督教要义》时，就表达出对律法功用的不同看法。他在日内瓦的改革实践，似乎更给人们留下了注重律法这样的印象。在后人的眼中，加尔文被称为"律法之人"（a man of law）[1]。律法也被看作是他的神学思想的根本概念之一。[2] 他的追随者所形成的所谓"加尔文主义"，更常常被人看作是有"律法主义"的倾向，即在其宗教实践中倾向于更多强调对律法的遵守。基督教信仰的真理，

1　J.S. Whale, *The Protestant Tradition,* Cambridge: The University Press, 1955, p.164.
2　Edward A. Dowey, *The Knowledge of God in Calvin's Theology,* New York: Columbia University Press, 1952, p.222.

似乎更直接地体现在信仰者能够把上帝的律法具体地彰显在自己的信仰生活中。

宗教改革家传达出的这两种关于律法的观念使我们产生了这样的问题：对于基督新教来说，律法在基督教信仰中究竟占据着怎样的地位？发挥着怎样的功用？这个问题对于基督教的教理来说是一个非常重要的问题。当然这同时也是一个非常大的问题，不可能在一节篇幅中探讨清楚。鉴于汉语学术界对于路德的思想相对更了解一些，所以本节主要就加尔文关于律法的观念作一些介绍和评论。在此基础上，再对两位改革家的律法观念作一些比较。

一、律法的三个功用

加尔文在 1536 年第一版的《要义》中就讲到过他所理解的律法的三个功用。[3] 在 1559 年最后一版的《要义》中，加尔文更加细致地解释了律法的这三个功用。从这里来说，加尔文关于律法之功用的思想基本上从始至终是一贯的。

1、律法的第一个功用

加尔文曾经用"神学的功用"（theological use）来指称律法的第一个功用为。[4] 对于加尔文来说，律法的第一个功用就是让人知罪。"它[律法]在显明上帝的义，也就是那唯一能被上帝所接受的义的同时，也警告、告知、使人确信、最后也是咒诅那每个人所有的不义。对人来说，由于心眼失明以及沉于自爱，只能被迫地认识并承认自己的脆弱及不洁。"[5] 在这个意义上，"律法就像是一面镜子，从中我们意识到自己的脆弱，然后是从中生发出的罪咎，最后就是从这两者中来的咒诅，就像是我们从一面镜子中看到自己脸上的污点。"[6]

在这方面，加尔文与保罗的说法是一致的。保罗在其《罗马书》中也明确地表达出对律法的这个看法。例如他说："律法本是叫人知罪"；[7]"律法本是外添的，叫过犯显多。"[8]"非因律法，我就不知何为罪。"[9]

---

3 I. John Hesselink, *Calvin's Concept of the Law*, Pickwick Publication, 1992, p.8.
4 Calvin, Comm. Pentateuch, Co 24, p.725.
5 加尔文，《要义》，II. 7. 6。
6 加尔文，《要义》，II. 7. 7.
7 罗 3：20。
8 罗 5：20。
9 罗 7：7。

与律法的这个功用相伴，随之而来的是律法对人作为罪人的咒诅。当人借着律法认识到自己的脆弱和罪性的时候，人并没有因此而得到改变。人知道应该怎样按照律法去做，但却没有能力这样做。反倒是明知不应该那样做，却还是那样去做。因此，"律法只是加增了上帝对于罪人堕落的愤怒。就其本身来说，律法只是控告、咒诅和毁灭。正如奥古斯丁所说的：'如果没有恩典的圣灵临到，律法在这里只会控告和杀死我们。'"[10]

人对于这种控告的反应，也是律法这个功用的一个部分。对于律法在人的良知上带来的控告，按照加尔文，人们通常会有两种反应。一种反应是：律法向人显出人的罪性，因而给人带来良知的不安、恐惧的同时，也让人意识到依靠自己的能力人不能够让自己脱离这样的不安，因为人自己不能够脱离自己的有罪的本性。这个意识在人身上导致谦卑的反应。在这个意义上，律法的这个功用让人会去寻求上帝，寻求上帝的赦免和恩典。无论是在奥古斯丁还是加尔文那里，他们都认为这乃是上帝的律法本要发挥的功用之一。但也有人的另一种反应，就是人们对于律法的这种揭露在良心上带来的不安，使得这些人对于律法更加反感。可能这部分人也经历过对自己的绝望，但是这种绝望并没有让他们去寻求某种赦免或者恩典。他们更愿意让自己的良知不再给自己带来这样的麻烦。[11]

2、律法的第二个功用

律法的第二个功用通常被称为"政治的或社会的功用"（political or civil use）。对于加尔文来说，律法的第二个功用是维护人类社会秩序的作用。"至少是出于对惩罚的恐惧，那些甚至是还不知道何为公义与公正的人，也会迫于律法中可怕的威胁而被动地接受制约。"[12] 律法的这个功用与第一个功用一样，也是针对着所有的人。它所起的这个方面的功用在于：律法在一定意义上，特别是在加尔文那个时代，具有一种强制性。它虽然不能改变人的内心及人的本性，但对于人外在的行为还是有一定的制约。而"这种强制及被迫的义对于维护人类社会的公正秩序是必要的"。[13]

---

10 加尔文，《要义》，II. 7. 7.

11 加尔文，《要义》，II. 7. 9.

12 加尔文，《要义》，II. 7. 10.

13 加尔文，《要义》，II. 7. 10.

加尔文关于律法的这个观念，在保罗的书信中也可以找到。保罗也曾讲过："我们知道律法原是好的，只要人用得合宜。因为律法不是为义人设立的，乃是为不法和不服的，不虔诚和犯罪的，不圣洁和恋世俗的，弑父母和杀人的，行淫和亲男色的，抢人口和说谎话的，并起假誓的，或者为别样敌正道的事设立的。"[14] 这里应该说，律法不只是为着义人，也是为着不义的人设立。在目前的这个功用中，它更涉及到的是非信仰者的有罪的行为。

这个意义上，在加尔文的律法观念中，世俗的法律和上帝的律法在更深处是相通的，或者说，上帝的律法是世俗法律的根基，也是其权威性的来源。

3、律法的第三个功用

第三种功用（ussu in renatis，英文译为：the third use）从拉丁文字面上讲即"对重生之人来说的律法"。对于加尔文来说，律法的第三个功用是律法的最重要的功用。简单地说，第三种功用即对信仰者之成圣生活的规范及引导作用。"第三个也是根本的功用，更加接近律法恰当的目的。这种功用发生在那些上帝的灵已经内住和统治了其内心的信仰者中间。"[15] 加尔文把这种用法看作是圣经中上帝的应许在现在的实现，因为圣经中已经有这样的应许："耶和华说：在那些日子以后，我与以色列家所立的约乃是这样：我要将我的律法放在他们里面，写在他们心上。"[16] 律法的这种功用，加尔文进一步分析说，主要会以两种方式表现出来。

首先，律法是信仰者明白上帝旨意的最好途径。"律法对于他们来说是最好的途径，即借着每天对律法的实践，更多地认识他们所切慕的主旨意的本性，并且在对这旨意的理解上更加确定。……因为没有人能够得到这样的智慧，除非他们经过律法每日的引导，在认识上帝旨意的纯正知识上能够不断取得进步。"[17] 这里让我们看到，对于加尔文来说，即使是对于信仰者，就是有圣灵已经内住在他们的心里，他们对于上帝旨意的认识也还是有一个过程。而在这个逐渐变的更加清楚的过程中，律法发挥着重要的引导的作用。

其次，律法是对信仰者成圣生活的提醒和激励。"通过经常地沉思律法，人被唤醒来顺服，被它所坚固，被它从过犯的湿滑之地拉回。……律法对于

---

14 提前 1：8-11。

15 加尔文，《要义》，II. 7. 12.

16 耶 31：33；来 10：16。

17 加尔文，《要义》，II. 7. 12.

肉体来说，就像是鞭子对于懒惰和不肯前进的驴子，需要用它来鞭策其去工作。即使是一个属灵的人也难免于肉体给他带来的负担，律法对于他是一个鞭策，使他不至于停留在原地。"[18] 对于加尔文来说，就是对于有圣灵内住的信仰者来说，他们在成圣的过程中，也仍然有对付其旧我或者肉体的过程。而在这个过程中，律法起到了提醒和激励的作用。

从上面我们看到，以上述两种方式体现出来的律法的第三种功用，与律法的前两种功用有着重要的区别：如果说律法的前两种功用都更多地是从负面的角度表达出律法的功用的话，针对的主要是人的老我或者有罪的本性，那么，第三种功用则主要是从正面的角度体现出律法的功用，更加侧重一个重生的生命如何认识上帝的旨意。正是在这个功用上，表现出在律法的观念上加尔文思想与路德思想的区别。

对加尔文来说，上帝向人颁布律法原本的目的就是要借此引导他的子民，使其过一种圣洁的生活。这是律法最重要的目的，因为律法本就是他与他的子民所立圣约的一种表达。所以律法本是上帝赐给人的礼物，本意并不是为了咒诅和强制人。只是在人堕落后，人自身的罪把人与上帝隔开，也因此与圣灵的引导相分离。在这个意义上，律法对于人来说，无法发挥其原本当有的第三种功用。于是律法的前两方面的功用就被突出出来了，即主要表现出咒诅的及强制性的作用。只有当人通过接受基督所成就的救恩与上帝和好，圣灵进入到人的里面的时候，律法的第三种功用才能发挥出来。因此，律法第三种功用的发挥就与圣灵在人内心的引导有着密切的关系。这也就是为什么加尔文强调"这种功用发生在那些上帝的灵已经内住和统治了其内心的信仰者中间。"[19] 这就让我们提出关于律法功用的二个重要问题：首先，第三种功用对于信仰者的成圣生活真是必须的吗？其次，如果成圣生活需要律法，律法发挥其第三种功用与圣灵在人内心的引导有着怎样的关系？

从路德的角度来看，他更强调律法的前两重功用。第三种功用对于他来说，似乎是自相矛盾的。恩典就是恩典，律法就是律法。当信仰者得到基督的义时，他也就不再需要律法的义。作为在基督里新造的人，他已经通过信与基督相连，因此不再受制于律法的权势。就其成圣的生活来说，信仰者最

---

18 加尔文，《要义》，II. 7. 12.
19 加尔文，《要义》，II. 7. 12.

重要的引导是来自内住的圣灵的引导。在这个意义上，对于信仰者的成圣生活来说，律法是不必要的。

对于路德来说，特别是从后来发表的路德的《桌边谈》中，我们可以看到路德关于圣灵在信仰者成圣生活中引导人的方式的看法。首先，信仰者在其成圣生活中所表现出来的善行，以路德看来，都不过是信仰者之信仰的"必然结果"，而不是遵循了某种律法或命令的结果。信仰者在圣灵的感动下自然而然地行出善的行为，这是因为他们里面已经有一个新的生命。这个新的生命生出新的行为就像是太阳自然要发光，好树自然要结果一样。其次，在这个过程中，如果说信仰者遵循了某种原则的话，按照路德，这也是出于信仰者内在的信仰，而不是出于某种外在的律法。信仰对于路德来说，其重要含义之一就是，它可以被理解为是将信仰者与上帝关联在一起的神秘关系。正是这种关系的存在，使得信仰者能够在日常的生活中，在他自己的内心找到所需要的原则和动力，而不再需要在自身之外去寻求原则与动力。第三，在这种内在的寻求中，如果我们谈到圣灵的作用时，路德会说，圣灵对于人的这种内在的引导，可以是以任何超过现有原则的方式，甚至出于人事先预计的方式，来引导人。在这个意义上，信仰者应该不要固执于现有的或者固定的行事原则，而应该随时按照内心出现的感动行事。总之，从上面的描述中，我们确实看不到律法在信仰者的成圣生活中占据怎样的地位，更多地看到的是人按照自己内心的即时的感动来行事的方式。

而对加尔文来说，其实更确切地说，对于后来系统化了的改革宗神学来说，对于律法于信仰者成圣生活的作用，有了更系统的看法。首先，确实是唯有通过信仰将信仰者与上帝联结起来。但如果像路德那样把信仰理解为是信仰者与上帝的一种关系的话，那么，通过信仰形成的信仰者与基督的生命联系还只是一个开始，是信仰者成圣生活的起点而不是最终的实现。信仰者与上帝生命的完全的联系，只是在将来才能完全实现。其次，信仰确实在信仰者的生命中产生出意愿、愿望、动力和感动，使人去做与这种生命状况相吻合的善行。但是，对于改革宗神学来说，同时需要规范这种意志、愿望、动力和感动的原则。而只有经过这种规范的意志才更接近上帝的意志，因为这种规范原则本身就是来自于上帝。人必须在自身之外去寻求这种规范的原则。在我们只有感动而还没有规范时，人们常常可能会搞错；即使这种感动真是来自圣灵的引导，我们在没有规范的情况下，也可能没有很好地在自己的生活中将其实现出来。这里，内住于信仰者中的圣灵，在改革宗神学看来，不只是给人以意愿上的引导，同时也引导人用上帝的规范——就是律法——来形成这种规范，从而使其实现在信仰者的生活之中。第三，在上述意义上，内住于信仰者中的圣灵同时也是一个教师，一个训练者，他训练信仰者如何将外在的规范或律法变成其内在的，并通过规范或者律法使其所得到的意愿或感动更好地实现在他的生活中，以此来认识上帝的旨意或者应许。因此，以改革宗神学来看，律法的操练对于信仰者来说，表现为是一个不可缺少的过程，一个生命一步一步变化成圣的过程。正是在这样一个日常生活实践的过程中，人们更多地认识上帝；或者正是在这种可能是不断经历律法上的失败的过程上，人们更多地认识到什么是上帝的应许。这里，改革宗神学中律法与应许的关系就开始呈现出来。

所以，加尔文所分析的律法第三种功用的两种表现方式，我们也可以理解为是对律法在信仰者成圣生活中具有的必要性的论证。其实，第二点论证，即律法是对信仰者成圣生活的提醒和激励，从其论据上看，基本上可以被归为是律法的第一或二种功用的延续。因为其中主要涉及的对人肉体或旧有本性所产生的作用。因此，对于律法的第三种功用来说，加尔文的第一点说明成为最重要的论证，也是后来改革宗神学发挥对此种功用之论证的重要出发点。这个出发点就是：信仰者对于上帝旨意的认识有一个逐渐清楚的过程，而这个过程与内住的圣灵借助律法来引导信仰者过一个成圣的生活有着必然的关系。

不过，或许正是对这种律法在信仰者成圣生活之必然性的强调，使改革宗神学被看作是有"律法主义"的倾向。这就涉及到对"基督徒之自由"的看法。

二、律法与基督徒之自由

在讨论到律法在基督教信仰中占据的地位及其功用时，不能不涉及到上帝之律法与上帝之恩典的关系。而这个关系又集中地表现在所谓"基督徒的自由"这个主题上。这个主题最早出现于新约保罗书信中。特别是在《新约·加拉太书》中，保罗较多地阐述了这个主题："基督释放了我们，叫我们得以自由，所以要站立的稳，不要再被奴仆的轭挟制。"[20] 路德在发挥其因信称义的思想时，特别重视保罗的这卷加拉太书。因为他从中特别体会到"自由"这

---

20 太5：1。

个主题对于基督教信仰的意义。所以，在1520年这个宗教改革的重要年份，路德写作了《基督徒的自由》这篇重要的文章。其中有力地阐明了，信仰者在与基督有了生命的联结后，就脱离了律法的咒诅，以及律法的挟制，他们"在基督里"享受到不受律法挟制的自由。这个"基督徒的自由"的主题经过路德这篇文章的阐释，成为基督新教信仰的一个原则和特征。加尔文对律法的强调，就如某些人指责其有"律法主义"倾向所暗示的，是否与这样一个主题相冲突？信仰者在上帝的恩典中所享受的自由与其对律法的遵从是怎样一种关系？[21]

就在上帝面前称义而言，信仰者仅仅是因信得到上帝的义，而与任何律法的义无关。加尔文完全认同这种意义上的基督徒的自由，他把这称为第一层面含义："首先，信仰者的良知寻求在上帝面前称义的确据时，会处在高于和优于律法的地位，不理会任何律法上的义。"[22] 在脱离了律法的指控及咒诅这个意义上，信仰者的良知相对于律法已经达到了自由的境地。加尔文在这里很有意义地区别了两件事。"基督徒的整个生活应该是一种敬虔的实践，因为我们被召就是要过一个成圣的生活（帖前4：7；参见弗1：4；帖前4：3），其中律法发挥着它的功用，就是提醒人们明白自己的责任，激发他们追求圣洁和清白的生活。不过，只要良知涉及到如何讨上帝的喜悦，自己当有怎样的回应，在面对审判时会有怎样的确据，那么，我们就不能理会律法所要求的，而只能单单定睛于基督，他超越所有律法的完全，而必然为义。"[23] 就是说，加尔文在这里是明确地把信仰者的称义与成圣分开了。加尔文在这里与路德的区别是，路德比较侧重强调称义的方面，而加尔文则更侧重强调成圣的方面。

信仰者在完全不受律法挟制的前提下，自由地顺服律法的要求。"这第二层的含义依赖于第一层含义。这时良知遵循律法不是出于律法之必然性的挟制，而是在自由于律法之轭的前提下，甘心地顺服上帝的旨意。"[24] 这里加尔文使用了保罗在其书信中所使用过的比喻，就是那在律法之轭下的人就像是

---

21 《基督教要义》第三卷19章中专门用了一章的篇幅讨论了"基督徒的自由"这个主题，我们在"良心与自由"一章中也会讨论这个方面的主题。这里我们只是侧重于律法与自由的关系。

22 加尔文，《要义》，III. 19. 2.

23 加尔文，《要义》，III. 19. 2.

24 加尔文，《要义》，III. 19. 4.

奴隶，他们受到其主人所颁布条例及任务的限制，除非他们能够满足这些要求，否则他们不能面对他们的主人。而作为主人的儿子的话，其处境就完全不同。他们不用担心他们所交上的是一些没有完成的、有缺陷的工作成果，只要他们有一颗完全顺服和甘心乐意的心。在这个意义上，人所做的善行不再是用严厉的律法的要求来衡量，而是被一位"仁慈的父"所宽容地接受。"如果人们不再是出于律法严厉的要求，或者全部律法的严厉，而只是听到从上帝那里传来的慈父般温柔的呼唤，那么人们会以多么欢快的、极大热诚的心去回应，跟随他的引导。"[25] 就是在这种情况下，信仰者才会从心中激发出最大的热情，以最自由的心态，甘心地遵循上帝的旨意。

可以说，加尔文所说的律法的第三种功用，也应该是在这种自由的基础上所有的功用。信仰者正是通过基督的义与上帝形成了这样和好的关系，脱离了律法之控告和咒诅给人带来的恐惧，里面有上帝的灵与他同证自己已经是上帝的儿女，可以称上帝为父时，[26] 圣灵才开始通过律法在信仰者的里面引导信仰者去过一种成圣的生活。所以，在这种自由的含义中，我们来看律法在信仰者成圣生活中的功用，才能比较完整地理解律法与恩典及应许的关系。避免"律法主义"的误解。

按照加尔文，这时内住于信仰者中的圣灵发挥了两重的作用。一方面的作用就是圣灵帮助信仰者从律法的束缚中释放出来。"你将从律法的支配中被释放出来，它对你只是一种字义上的教导，而现在它不再成为你良知上的束缚。"[27] 不过，在信仰者从这种律法的轭下得到释放的同时，信仰者也经历到"那基督的轭是多么甜美，他的担子是多么轻省。"[28] 加尔文将此理解为："律法的引导现在不再是不可忍受的，反而是充满喜乐和享受的。"[29] 换言之，律法在这里发生了一种重要的转变，而所发生的转变主要体现在：它失去了控告、咒诅、以及束缚人的作用。而这原本在加尔文看来就不是律法的主要作用，只是由于人本性中的罪，将人与上帝的恩典隔开，才使律法对人表现出这样的作用。而一旦当人因为接受基督的义而重新与上帝的恩典相联，那么，在恩典之下，律法本有的正面作用就开始显明出来。所以，在信仰者的成圣

---

25 加尔文，《要义》，III. 19. 5.

26 罗 8：16。

27 Calvin, *Comm. Gal.* 5:18, Co 50, p. 218.

28 太 11：30。

29 Calvin, *Comm. Acts* 15: 10, Co 48, p.351.

生活中，律法不是消失了，而是以一个新的面目显明出来，其结果就是，信仰者在享受由上帝的恩典而来的不受律法束缚之自由的同时，甘心乐意地接受上帝给他们的"新的命令"。而对加尔文来说，圣灵第二方面的、也是其主要的工作，就是按照"上帝的形象"、并通过律法，对信仰者重新进行塑造。

总之，对加尔文来说，律法之本有目的要显明出来，其前提就是它要与恩典相关联起来才有可能。

三、两种不同的律法观念

加尔文与路德算是两代人。加尔文相当尊重路德，其实在加尔文的神学思想中，很多方面都受到路德的影响。就宗教改革的三大基本原则——唯有圣经、唯有信仰、信徒皆祭司——来说，他们是完全一致的。因此，如果说他们两人的神学思想、以及后来的路德宗与改革宗神学有什么重要的分别的话，律法观念的不同可以说是他们之间最重要的不同之一。当他们都在世的时候，尽管他们关于律法的神学观念有相当大的区别，但他们，当然主要是加尔文，从来没有就律法的观念彼此争论过。已有的研究表明，加尔文对律法三种功用的划分可能是来自于墨兰顿和布塞尔。在墨兰顿 1535 年出版的《教义手册》（Loci Communes）中就已经有律法三个功用的划分。[30] 这表明至少在加尔文那个时代，这两个宗派间关于律法观念的分歧还没有发展起来。但这种存在于路德与加尔文思想中的关于律法观念的分别，在以后两种宗派的更为系统的神学发展中，却日益表现出来。

从上面对律法功用的分析来看，路德对律法的理解在某个方面遵循了保罗的思想，即强调了律法与罪及罪人的相关性，从而在消极的方面揭示了律法的功用。按照我们前面的语境，对路德来说，律法的功用主要是前两个方面的功用。虽然路德偶尔也讲到律法的第三个功用，但在他整个的律法观念中占据着十分次要的位置。[31] 因此，对于路德来说，律法只是针对人旧的本性来说有它的作用，让人看到自己的罪，并且认识到只有接受基督的救恩才能从这种罪中得到解脱。而一旦当人们接受了基督的救恩成为一个信仰者，一个"新造的人"，那么，律法对于这个新人来说就不再发挥什么作用了。在这个方面路德与加尔文的区别被罗伯斯坦比较准确地表达出来："当路德揭示

---

30 F. Wendel, *Calvin: The Origins and Development of His Religious Thought*, p.198-9.
31 Edward A. Dowey, " The Third Use of The Law in Calvin's Theology", Social Progress, Vol. 49, No. 3, 1958, pp.20-27.

出从律法下的全然释放后，律法对他来说就完全消失了，或者至少就其所表现的一般形式而言，律法不再是适用的了。而加尔文则相反，他按照两种相反的特性来理解律法，就是说，既有与咒诅相关的作用，又有与咒诅无关的功用。对于信仰者来说，律法本身并没有被废弃，废弃的只是它的咒诅。"[32]

因此，路德更加侧重的是人的"称义"。称义事件成为一个分水岭，在此之前，作为一个罪人，他受到罪的支配，同时也就是受到律法的咒诅及其束缚。而在此之后，这个人成为信仰者，他就不再在律法之下，而是在恩典之下，受到内住之圣灵的引导，可以完全与律法没有什么关系了。这里表现出路德在律法与福音之间所划出的明确的界线。按照这种明确的划分，上帝的话语因此成了两个部分：律法是一个部分；福音是一个部分。上帝的旨意也成了两个部分：一部分是显明出来的，这就是福音；一部分仍然是隐密的，那就是律法。上帝的作为也因此成了两个部分：通过律法的作为；以及通过福音带给人的应许的作为。显然，路德对因信称义的强调，对上帝福音给人带来应许的强调，以及相应地对律法正面作用的忽略，都有着当时路德所面对的时代背景，有一种为纠正当时天主教宗教实践所产生之偏差而突出其思想重点的倾向。

作为第二代的宗教改革者，加尔文所处的处境已经与路德有一定的区别。他虽然在因信称义的原则上完全追随路德，但他更加重视信仰者在因信称义之后的成圣生活。这一点正如巴特所评论的："基督徒生命的成长与造就问题，也就是成圣的问题，支配和构成了他的思想。"[33] 从上面我们所介绍的加尔文关于律法的功用中，我们可以引伸出加尔文律法观的两个基本特征。[34]

首先，加尔文的律法观念必须放在上帝与其子民的圣约的观念下来看才能把握其重要含义。对加尔文来说，上帝的话语从圣约的角度来说是统一的，其中既有应许也有警告，两个方面是不可分离的。从圣约的角度来理解律法的时候，律法就其本身来说，并不首要地是一组诫命或规则，好像它们被颁布出来后，就可以独立地存在或被应用。这些在历史上出现的诫命或者规则都只是律法的外在或历史形式，这些形式都与当时的历史环境有关。然而，不管律法的历史形式会有怎样的变化，律法的本性却不会改变。这就是，律法表达了上帝与他子民的圣约，更具体地说，律法表达了上帝对于他子民的

---

32 P. Lobstein, *Die Elhik Calvins,* Strasburg: C. F. Schmidt, 1877, p.55-56.
33 Barth, *Church Dogmatics*, IV., 1, p.525.
34 Hesselink, *Calvin's Concept of the Law*, p.3-4.

心意。换言之，律法必须与律法的给予者关联在一起才有意义。这就引出加尔文律法观的第二个基本特征。

其次，律法作为上帝与其子民的圣约，它的原本目的总是要把人引向那位立约者，那位律法的给予者，特别是那位成全了律法的基督。律法就其历史形式来说，虽然表现为各种诫命或规则，但它们的适当含义需要被阐释出来。对加尔文来说，历史上先知对上帝圣约或律法的阐释，就是要把人带向要来的那位弥赛亚。而这位基督来到之后，他的作为及他对律法的阐释就真正成全了律法。律法的实践因此成为把信仰者带向这位基督的重要方式。在这个意义上，加尔文律法观的一个重要特征就是：律法是指向这位成全了律法的基督的，就是说，通过实践基督所阐释的律法，信仰者应该被更真切地带到基督的恩典中，更清楚地明白基督的旨意。

在这两个特征的背景下，我们就能够更好地理解加尔文对于律法对信仰者成圣生活正面功用的强调。原因简单概括起来即下面这一点：律法是上帝旨意的表达；实践律法就是在寻求上帝的旨意。关于这句话的后部分，我们在前面分析律法的功用时已经提到过。信仰者在自己的成圣生活中，通过实践律法，之所以能够更加清楚上帝的旨意，乃在于在加尔文的观念中，律法本身就是上帝旨意的表达。加尔文曾这样地说过："圣洁生活的法则包含在律法之中，……在上帝的话语中，我们不只是看到他的诫命，同时是他的旨意以及他的圣约。"[35] 作为对上帝旨意的表达，律法以及上帝与其子民的圣约恰恰是上帝要向人显明的。我们"应该把上帝的奥秘留给上帝，而尽我们所能地操练律法，因为其中有上帝的旨意要向我们及他的儿女显明。"[36]

上面我们在论述了加尔文关于律法的功用的同时，也比较了加尔文与路德他们两人不同的律法观念。这两种律法的观念各有自己所侧重的方面，也不能说哪一种观念就一定要优于另一种。其实这两种律法的观念都有可能产生各自的问题，并且历史上也证明了确实这两种律法观念都导致过相应的危险。对于路德宗的律法观来说，其可能存在的危险就是，在方法论上有导向主观主义的倾向；在伦理学上有可能导致或者是人的无为，或者是放纵的倾向。而对于加尔文主义的律法观而言，则存在着被发展成一种律法主义的可能性。[37]

---

35 Calvin, *Comm. Gen.* 12: 4, Co 23, p.179. *Comm. Jeremiah* 32: 33, Co 39, p.20.
36 Calvin, *Comm. Ezekiel* 18: 32, Co. 40, p.459.
37 Hesselink, *Calvin's Concept of the Law*, p.257.

第四章　基督徒的生活

　　很多人将《基督教要义》当作是一本系统地论述教义理论的书来读，主要想借此了解一下加尔文当年对一些教义的看法。虽然加尔文的《要义》对于系统神学的发展起了很大的作用，但这本书并非我们今天意义上的系统神学教科书。我们前面说过，这种阅读的方式没有很好地体现出加尔文当年写作这本的基本意图。其实，按照加尔文写作《要义》的用意，它是一本指导敬虔之人如何去过一个敬虔生活的指导书；是指导信徒如何去阅读和理解圣经的指导书。总之，它是与一个想要真心寻求过敬虔生活之人的实际生活有着密切关系的书。本章我们就围绕着这个主题来谈一下他对基督徒过一个敬虔生活的基本看法。

一、敬虔的观念

　　在导言中我们提到，作者写作这本书，是给那些想要热诚追求敬虔之人所仔细阅读和思想的。就是说，追求生命之敬虔与思想及明白有关救恩的教义知识，在加尔文看来并不矛盾，后者甚至是十分必要的。这个看法在他在致法王的前言中有更清楚的说明："刚开始写这本书时，我完全没有想到最后会将此书献给国王陛下。我唯一的目的是想传授一些基本的真理，使一切热衷于信仰之人成为真正敬虔的人。我知道，在我的法国同胞中，有许多饥渴而渴慕基督的；然而，我发现他们中间很少有人对基督拥有最基本的认识。我着手写这本书就是为了他们。本书简明而基础的教导方式就可以证明这一点。"[1] 就是说，成为真正敬虔的人，在加尔文看来，这乃是明白基本的真理带来的结果。

1　加尔文，《要义》，致法王法兰西斯一世书。

今天当提到敬虔这个观念的时候，人们首先联想到的是个人的一种内在生命或生活的状态，其"主观"层面的含义占据着支配的地位。但对加尔文来说，虽然人生来就有某种"敬虔的种子"，[2] 但自从亚当堕落以来，人性中这种内在的敬虔已受到罪性的压制与败坏，以至在加尔文看来，在人之中极少有真正敬虔的人："我们应当更加留意，所有的人对神只有一般的、笼统的尊敬，很少人真正地敬畏他，……真正从心里敬畏神的人更稀有。"[3] 因此，真正的敬虔或内心中的敬畏并非人生来就具备，或者能够在内心中挖掘出来，在内室中修炼出来。在加尔文看来，人内在的敬虔来自外在敬虔的知识，来自于被这种敬虔的真理所唤醒。这也是加尔文自己在其生命的"转向"中所经历的。如第一章中所描述的，这个他没有预料到的转向，首先意味着他品尝到了真敬虔的滋味，让他从过分迷信于教皇制的泥潭中摆脱出来，真正有了一颗受教的心。而所有这些变化，都来自于他所谓的"真敬虔的知识"，正是这真敬虔的知识把他原来封闭的心唤醒，使其成为一颗向着真理开放的受教的心，让其开始对真理强烈地心向往之。或许正是加尔文自身的经历让他十分明确，敬虔来自对真理的认识，是建立在真的敬虔知识的基础上，而并非与知识冲突，或者只是在自己内心中挖掘的结果。

加尔文没有直接告诉我们，他那时所遇到的真敬虔的知识是指什么。如果我们回顾加尔文发生这个"转向"时的历史背景，就如前面所提到的，加尔文1527年开始在布尔日师从沃尔玛学习希腊文的那一年，正是当时著名的基督教人文主义学者伊拉斯谟出版了他的第四版希腊文新约圣经，并出版了拉丁—希腊文并排版新约圣经的时间，而1529年加尔文用他刚掌握的希腊语最初读到的希腊文新约圣经正是这个并排版。我们可以想象当这位年轻的人文主义者最初读到原文新约圣经时，这种语言及其中的信息带给这位年轻学者的冲击。如果敬虔与一种真敬虔的知识相关的话，那么对加尔文来说，这种知识无疑与圣经所记载的上帝的话语紧密相关。

虽然加尔文与路德一样，都将"唯有圣经"当作是宗教改革最重要的原则，但他并没有完全抛弃教会的传统，像当时的一些极端改革者所坚持的，以为只要按照自己当下内心的感动或灵感来解释圣经就足够了。对加尔文来说，用早期教会的传统来解释圣经才是对圣经正统的解释，这种解释才能让

2　加尔文，《要义》，I，3，1。这里"宗教的种子"也可以译为"敬虔的种子"。

3　加尔文，《要义》，I，2，2。

人得到可以带来生命敬虔的知识。因此，回到圣经，同时意味着回到早期教父对圣经的解经传统。对加尔文来说，这是因为"他们的敬虔、学识、圣洁使得他们具有如此大的权威，以致我们不能够轻视他们所写的任何东西。"[4]

从《要义》中，我们可以明显地看到，加尔文不仅是引用了大量圣经的经文，同时在解释上，他还非常重视从早期教父那里求得释经的引导，力求与他们的解释能够相通。在一些相关经文的讨论上，他也因此引用了一些早期教父，特别是奥古斯丁的解释，来作为一种理解上的印证。对于今天的读者来说，学习宗教改革家及其早期教父对圣经的理解及其方法，是进入到圣经文本及其世界的主要路径，因此也是从圣经的话语中得着敬虔之造就的主要途径，以免让圣经成为人们自己思想之发挥与想象的注解。

不过，当加尔文强调敬虔的生活是建立在圣经及敬虔知识的基础上时，我们必须马上说明，他所说的这种知识不只是人们头脑中的知识，而更多地是在日常生活的实际经历中在人的心灵中所唤起的那种认识。这种认识是一种知行合一的知识，是人在生存中可能是经过选择的挣扎而学习到的知识，是在生命中留下的难灭的印记的知识。

在《要义》中，加尔文曾给他所说的敬虔下了一个这样的定义："我所说的'敬虔'是，我们经历神的恩惠，并因这知识产生我们心里对神的敬畏和爱。"[5] 就是说，在人心中生发出敬虔的那知识，来自于人所经历的上帝的恩惠，乃是人在经历其恩惠中对上帝的认识。在《要义》三卷 6 章的 1 节，加尔文在阐明他写"基督徒生活"这个部分的主要目的时，他这样说："我只要阐明敬虔的人如何被指导过一个正直的秩序的生活，为此我想简要地立定一个普遍的准则，使信徒能用来鉴察自己的责任，这样就足够了。"[6] 这个意义上，敬虔的知识只是给那些想要追求敬虔的人提供一个基本的准则，而这样的原则必须要应用到实际的生活中，指导人们过一个正直有序的生活，才能发挥造就人敬虔的作用，才会使人成为一个敬虔的人。

从这里来看加尔文对于敬虔的理解，敬虔更直接地从人的实际日常生活中表现出来，而不主要隐藏在人所参与的某些宗教活动中或者人的内室里。中国本土教会自二十世纪一二十年代出现时，主要受到敬虔派与灵恩派的影

4　Calvin, Comm. Rom, Grand Rapids: Baker Book House Company, dedicatory。

5　加尔文，《要义》I，2，1。

6　加尔文，《要义》III，6，1。

响。由于这些神学观念的影响，传统的中国信徒都倾向于从"内在属灵的"角度来理解敬虔，即把敬虔与其内在生命的光景紧密联系起来。这让我们有时会对敬虔有过于狭窄的理解，以为敬虔主要体现在我们参与宗教活动或在内室的祷告有多么火热，以及对圣经多么熟悉；或者在教会中的服事多么殷勤；即主要是从其宗教活动方面来理解敬虔。这当然是敬虔的重要方面，但如果我们对敬虔的理解中包括有通常之圣俗的两元分别，那么，这种理解相对宗教改革家们的理解就显得狭窄了。加尔文理解的敬虔，不只是指一种内在生命的火热，而从外显角度看，同时表现为是一种敬虔的、建立在圣经教导之基础上的生活方式。加尔文式的敬虔，从内在角度看，敬虔主要体现为内心对上帝及其圣言的敬畏；从外显角度看，这种敬虔表现为一个可见的日常生活方式。敬虔是在人的日复一日的日常生活中、日常生活的方方面面中表现出来的。敬虔没有这种外显生活方式的依托就是假的敬虔；而反过，日常生活只在被这种敬虔所注入时，这种生活才是神圣或有意义的。就此，加尔文曾说："如果你带着你所有的热诚和能力单单投入到敬虔之中，那么你所作的事情就具有最大的价值。敬虔是基督教生活的起点、过程及终点。无论在哪里完成，都不会有所缺憾……因此结论是，我们当专心地定睛在敬虔的操练上，因为我们一旦进入其中，上帝就对我们不会有更多要求。"[7]

在加尔文对敬虔的定义中，如果敬虔最终落在"我们心里对神的敬畏和爱"，那么就其最为内在的内涵来说，我们可以把加尔文所说的敬虔大致概括为：由对上帝的认识在人生命深层激发的对上帝的敬畏；这既以人与基督有生命中的神秘联合为其基础，也是圣灵在人生命中隐秘工作的结果，而非人生命中所本有的情感。

单就这种敬畏说看，如果我们对其稍作一点分解，那么其中就既有将上帝当作父的爱，又有将其当作主的畏，就如加尔文自己对这个字的解释："真敬虔不是一种想逃脱神审判的恐惧……乃是一种纯洁和真实的热诚，其中既爱上帝如同父亲，同时又敬畏他如同主人；乐意拥抱他的义，同时又害怕得罪他比死亡更甚。"[8]

首先，在对上帝的这种内在敬畏中，确有"畏"的方面。这种畏不是单纯的怕，即对上帝审判的恐惧，从而引出无奈的逃避甚至愤恨；而是已经将

---

7 Calvin，Comm. 1Ti, Grand Rapids: Baker Book House Company, 4：7-8。

8 Calvin, *Instruction in Faith,*（《第一教理》,1537）, tr. P. T. Fuhrmann, pp. 18 f. 。

其当作是对主的畏，即害怕得罪他比死亡更甚，从而引出甘愿的服从及节制。就如加尔文说："相信并真诚地惧怕神，这惧怕使我们甘心乐意地敬畏他，且伴随此敬畏在律法里合法地敬拜，这就是纯洁和真实的基督教敬虔。"[9] 这里说的惧怕就是这个意义上的畏。

其次，这畏被放在敬畏这个字的后面，可以理解为乃是前置的敬或爱的结果。在这种内在深层的敬畏中，爱上帝如同父亲，对他是如此的神往，以至这成为人生命中最为重要的事情，这才是这种敬畏中的第一个要素。如加尔文所说："敬虔的第一步就是相信神是眷顾、掌管，以及抚养我们的天父，且他将聚集我们承受他国度永恒的基业。"[10] 没有这种在爱中对其极为向往之的要素，畏就变成单纯的怕。因此，这种生命中的敬虔是敬畏合为一体的结果。

这里要再次强调的是，加尔文式的敬虔并非仅是人内心深处的这种敬畏与爱，而同时是在人日常生活中外显出来的敬畏，即通过一种生活方式体现出来的敬畏。只有在生活的方方面面中体现出来，才表明这是一种真实的敬畏。就是在这个意义上，加尔文可以充满激情地说："我们属神，我们因此要为他而活并为他而死；我们属神，我们当让神的智慧和旨意决定和管理我们一切的行为；我们属神，我们的一生都当将神当作我们唯一的目标并向这目标迈进（罗 14：8；参阅林前 6：19）。人在被教导他不属自己之后，若将管理与支配的权柄从自己的理智中夺去并将之交给神，这是多么大的长进！"[11] 对加尔文来说，敬虔生活的目标是荣耀上帝，而不是为了人自己。不过，也正是在荣耀上帝中，人被造的本性得到最大的实现。

二、基督徒生活的总则

如果我们留意一下的话，我们就会发现，讨论"基督徒生活"这个部分（金书），在《要义》第三卷中被放在论信心（2 章）与悔改（3-5 章），以及因信称义（11-18 章）与基督徒的自由（19 章）这两组主题之间。我们相信，作为加尔文一生都在不断修订的书，他不会是随意地把这个主题放在这里的，放在这个位置一定有他的考虑。如果要按今天的系统神学的体系，人们会把

9　加尔文，《要义》，I，2，2。

10　加尔文，《要义》，II，6，4。

11　加尔文，《基督教要义》III，7，1。

"基督徒生活"作为称义后的成圣过程来理解，因此会放在称义这个主题之后的位置。为什么加尔文会把这部分放在悔改与称义之间来讨论？换言之，为什么他会在讨论因信称义前来专门地讨论基督徒的生活？

今天，人们可能会比较简单地理解改教家们所说的因信称义的思想。主要原因是，人们更多地按照现代知识论方面的意思去理解信这个字。因此，人们会比较狭义地理解罗马书中所说的"人心里相信，就可以称义；口里承认，就可以得救"，[12] 即将其简单地理解为：只要口里相信、口里承认，就会得救；好像一个人不需要经过什么悔改，也还不知道什么叫悔改，只要心里认为自己已经相信了耶稣是基督（可能还分不出是头脑还是心里相信），就认为自己已经得救了。这样，就如朋霍费尔所说的，就把基督在十字架上的恩典变成了一个廉价的恩典。

但在加尔文这里，信所结出的果子首先是悔改。悔改意味着人生的一个根本转向，其中既有这个人对自己的痛悔与绝望，也有从上帝赐信心中来的圣灵的安慰。每一个经历的人都不会把这个过程看成一个轻松的过程，就如某种具浪漫主义色彩的表达：人生的一次华丽转身；而是一个在痛苦中挣扎到死去活来的过程。用一个比喻，就如一个人站在悬崖边的一个松动的石头上，他已经开始意识到，他的生命迟早会随着这个石头一同坠入到望不见底的深渊中。他只有两个选择，或者随着这个石头一同掉下去；或者抓住从上面垂下来的那根滕子。而后一个选择并不只是手抓住滕子就算完了。悔改所表达的意思是：这个人是否愿意作出一个决定，在他还有足够的力量抓住滕子之际，蹬掉脚下的那块石头，把自己的整个生命交在这个滕子上，由它把自己荡到对面那个更为坚实的磐石上。只有经历焦虑与挣扎后还愿意作出这个决定的人，内心中知道"心里相信"意味着什么。这样的信就不是头脑中的信，而是从心里出来的信。因信称义是就这种信而言的。因此，基督徒的生活是一个以悔改为起点的生活，是一种"悔改的生活"。当然，这种生活也是人们称义后所过的成圣的生活。悔改对一个基督徒来说是一生的，而不是一次性的，或一劳永逸的。

在 6 章的 1 节，加尔文在阐明他写这个部分的主要意图时，他这样说："我只要阐明敬虔的人如何被指导过一个正直的秩序的生活，为此我想简要地立定一个普遍的准则，使信徒能用来鉴察自己的责任，这样就足够了。"

---

12 罗 10：10.

[13]这个意义上，基督徒生活的总的特征就是敬虔，或者以一个敬虔的心去过一个圣洁的生活。上节我们对加尔文敬虔观的分析已经看到，一个敬虔之人的生活既有内里心思意念的更新，也表现在外在义的生活行为上。在6章2节，加尔文直接强调到这爱义与行义两个方面都出于上帝："首先是神要我们爱义，虽然这不是我们与生俱来的倾向，神却能赐给我们，并将之刻在我们的心中；其次，神给我们立定行义的准则，免得我们在行义的热忱中偏离真道。"[14]

追求过一种圣洁有秩序的生活方式，在加尔文看来，其基本的动机不是想靠圣洁生活与基督联合，不是想靠着自己的善行去赚取在上帝面前的义，甚至是想求得他的喜悦；如果是出于这个动机，那么这种生活就是一种律法主义支配下的生活。人们常使用"律法主义"这个字，其实就只能在上述含义下来理解这个字的意思。

基督徒能够过一个圣洁有秩序的生活，在加尔文看来，乃是因为已经被基督所洁净，与基督的联合正以此圣洁为基础。因此，基督徒生活的基本动机是，过一个配与他联合的生活，使人们的生活与自己所蒙的恩相称。福音书中可以看到，不是彼得努力作了什么使耶稣上到他的船上，乃是耶稣先上到彼得的船上；当彼得顺服地照着他的吩咐做了之后，彼得受到祝福；而当彼得认识到他是谁，才说离开我，我是一个罪人。

既然追求敬虔生活的动机是出于感恩，出于要过一个与所蒙的恩相称的生活，目的是为了印证自己已经成为上帝的儿女，那么过这种生活最基本的样式就是效法基督。如加尔文所说，上帝使基督徒得儿子名分唯一所附带的条件是：他们的生活要效法基督的样式。因为唯有在上帝的独生子耶稣基督的身上，最好地彰显出合上帝心意的生活是什么样式的生活。

在加尔文看来，这种生活方式是可以操练的，即在真道的基础上，落实在日常每天的生活中，并且显明在生活的每一个方面。在今天看来，这种操练是为了让生命有所改变，更接近耶稣基督的样式；免得人们只是有过高过多的属灵知识，懂得评论或批评他人，自己却什么事也做不了，这是当代知识时代的人的基本特征。

传统的敬虔派在讲生命的操练时，确实同时讲内在属灵生命与外显的生活，这两个方面是不可分离的。但一种被误导的敬虔派传统，似乎只是强调

---

13 加尔文，《要义》，III，6，1。
14 加尔文，《要义》，III，6，2。

个人内在的操练；一到日常生活的层面，就以是否有圣灵的感动来作自己的依托。从加尔文的角度看，尽管基督徒在日常生活中的行事，从最终的意义上看，是要看圣灵的引导；但在人还不是那么明白圣灵的引导的情况下，照着上帝的话语来指导自己在日常生活中的操练，就成为十分必要的。这意味着，在日常生活中的某些处境下，即使内心没有意识到圣灵的感动，可能充满了自己的挣扎和不情愿，但若是上帝的话语要人去做的，他们还是应该照着圣经的教导去操练。

在加尔文看来，人生命的转变是一生的事情，要落实到每天日常生活的操练之中；因此，人生就是一个走向天国的旅程。人们既不应当懒惰，以至生命没有什么转变；也不当对自己失望，似乎看不到生命中的变化："我们每一个人都当在神的真道上不停息地努力前进，我们不可因自己缓慢的速度感到绝望，因为即使我们的进度与所盼望的不同，但只要今天比昨天更进步，我们就不至于一无所得。"[15]

三、基督徒生活的要素

在这样一个基本的动机推动下，加尔文从三个方面描绘了基督徒生活方式的基本特征：自我否定、背负十架、及默想永世。自我否定构成基督徒生活方式的基本出发点；背负十架成为基本操练；而默想永世则成为基督徒奔走天路的基本方向。

1、自我否定

首先，加尔文区别了自我否定中的两个关键步骤，这可能是人们以往不太注意的。

第一个步骤就是人要离弃自己，为要使自己能用一切的才能服事上帝。在加尔文看来，这种的离弃是哲学家们所不能理解的。哲学家对人生的讨论涉及不到这个部分，因为这在他们的视野之外。只有基督教的哲学根据圣经才涉及到人这方面的真理。从这里所用基督教的哲学[16]这个字可以看到加尔文过去所受的人文学科的训练。这里基督教哲学的意思是指基督教信仰中的人生道理或智慧，这样的人生道理是来源自圣经。回到离弃自己这个生命的

---

15 加尔文，《要义》，III，6，5。
16 加尔文，《要义》，III，7，1。

基本道理，其实就是基督所说的，凡是要保全自己生命的就会失去生命，凡是失去自己生命的就得到了生命。

注意加尔文所强调的自我否定的第一点，一个人在这里不是否定自己要不要做这件事，或者要不要做那件事，这层面是次要的，那已经是第二个步骤，那里才涉及个人在某事情上如何寻求上帝的心意，该不该做这件或那件事情等。而第一步就是否定人整个的自己，就是整个生命、整个的你。这就是刚才打得比喻，就是这个人站的这块石头松动了，他要不要把它踢开，好抓住手上的这个东西，荡过去就可以站在一个更坚实的地方。当然，这不是一个容易的决定。其中可能产生的焦虑在于：如果把这个石头踹下去的话，"我"站在哪里呢？它是整个生命的支点，代表整个的你、整个你的生命、整个你的生活需要被否定。一般来说，如果人们不抓住另外一个东西的话是不可能让自己悬空的；所以对这个人的信心就是，"我"抓住的这个东西是牢靠的，可以成为生命的新的支点。

按传统基督教神学的解释，这是一种身份或主权意义上的彻底的转变。即便一个人称义的时候没有那么深切的经历，但客观上这个人的旧人已经死了。主观上人们是随后经历到这种变化的，可能其受洗之后一年、两年慢慢经历到里面的死。这一点像是一个人从其内在经历到"出家"，他给自己的过去画了一个句号；过去所有的理想、梦想，都终止了，生活是一个新的开始。按《圣经》上说，在基督里成为一个新造的人；这就是加尔文所说的第一个步骤。

只有完成了第一个步骤的人，第二个步骤才对他有意义，即不再寻求自己的事情，而是做合上帝旨意的事情。这个步骤所侧重的要点是人学习将所从事的一切事情、计划交在上帝的手中；学习交托。如果已经经历到第一步骤，经历到与世界的分别，就有可能从另一个角度重新进入到这个世界，即明白上帝对他在某个岗位上的呼召，从而操练在某些具体的行业与事项上去跟随与荣耀基督。这样，以后在世界中所做的事情才可能从根本上被算在基督的名下。

加尔文不只是说明了自我否定的含义，同时也从两个层面或角度说明了认识及操练自我否定的方式。

首先，人们可以借着与他人的关系来认识并操练自我否定。在加尔文看来，《圣经》中要人们爱邻人，如果人没有经历过自我否定的话，他不可能行出这个命令。在人与他人的关系中，自己下意识表现出的、无法克服的问题就是骄傲。人自己会下意识地认为自己比其他人要强，这是人骨子里无法抹去的。一个人就是在别人面前说话再谦虚，再有意地把自己放低、放低再放低，但是心里面仍然认为自己比别人强。加尔文认为这是人所有罪中最重要的一个罪，造成人和其他人交往的障碍，也是拦阻一个人去实践"爱你的邻人"最大的问题。人们如何克服这种骄傲，做到看他人比自己强，然后真正地爱他人呢？问题就在于是否经历到了自己的死，经历到了对自己的绝望，经历到了重生；如果经历到了，这个人就一定会经历到他人比自己强，那个时候爱他人才有可能。

其次，操练的第二方面是基督徒和上帝的关系。如果没有经历自己的死的话，人们总是会下意识地向上帝祈求自己所愿意的东西；一旦人们经历了那些自己不愿意的事情，人们肯定会抱怨。在这里加尔文强调，人必须经历到自己的死，才能经历和神有一个合适的关系。在这方面，加尔文认为人常遇到的一个试探就是，人们非常害怕并厌恶贫穷与卑微的生活处境。因此，人们常下意识地把求财富和荣誉当作是上帝祝福的标志。当然，人们内心一定会为自己追求成功找到很好的理由。如果一个人确实经历到自身的死，那么这些理由可能是上帝的托付；但如果他还没有经历到自己的死，这些都可能不过是借口，都是为了追求自己的富足、自己被其他人承认。在加尔文看来，这就是人的本性。人们最恨恶的是贫穷，最恨恶的是不被他人承认，所以，人们在上帝面前所求的往往都是这样。只有当人们在神的面前经历到死，人才可以去平安、甘心乐意去接受上帝为他们所安排的每一种处境，即便是贫穷，即便是不被别人承认、众叛亲离，他们就乐意接受，这样的关系取决于对自我否定的操练。

2、背负十架

按照加尔文，"背负十架"是基督徒必须面对的一个功课，是一生的操练。按一种通常的理论，一个人在称义后，首先发生客观上地位的变化，即圣经上所说的重生；然后主观上的经历。但是从加尔文这里的讲法来看，他主要是从主观经历方面来讲自我否定，这样，自我否定就不是一次性、一劳永逸，而是一个过程。这个过程需要人们逐渐明确，措着操练能够更加确定。所以自我否定到后面，在操练中主要是借着背负十架来操练。敬虔的人想有更高的追求，即成为基督的门徒，那么，上帝会借着苦难来操练他们。

背负十架在多数情况下是基督徒遭遇到其不想遭遇到的苦难，就是说他们不得不背负这十字架，不一定是其主观选择要去经历这些苦难。这些苦难有些是来自环境、外在逼迫。加尔文认为上帝是要借着苦难来操练凡愿意跟随他的门徒。但为什么一定要用苦难来操练门徒呢？最主要的原因，这是基督的生活样式，耶稣基督的生命就是这样。他来到这里的目的就是要甘心地顺服圣父的旨意，为人们背负十架。因此，凡为圣父所收养并视为配与他联合基督徒，都当预备遭受苦难。人们从苦难中得到的安慰是，与基督的苦难有分，就与他的荣耀有分；与他的死有分，就与他的复活有分。

至于十字架的苦难对人们的意义还在于它可以勒住人们心里傲慢的本性，操练人们的顺服和忍耐。换句话说，按照人自己的本性，人不可能凭着自己来活出顺服、忍耐。加尔文的说法，即便是世界上最敬虔的人，如果没有经历十字架的考验的话，那么他也会越来越相信自己，越来越依靠自己的勇气和力量；只有经过十字架磨练过的人，才能够学习完全依靠上帝。即便是上帝的儿子耶稣基督也是借着苦难学习了顺服，所以人们今天也当借着患难学习忍耐，借着患难学习顺服，好让人们的生命能够更加完全。

概括起来，经历十字架意义，加尔文讲到了两个重要的方面，一个是除非经历十字架，否则人们不能完全依靠上帝。其实这就是他所说的自我否定的第一个方面，即完全抓住这个绳子，脚可以松，这并不是凭着人自己，往往需要苦难和磨练；第二个益处是让生命能够得以完全，更加顺服忍耐，除去人们生命的渣滓。在这个地方，加尔文把基督教对忍耐的看法与哲学家的看法作了一个对比。即从苦难的观点，讨论了斯多亚派对忍耐的理解。斯多亚派对忍耐的理解往往是将其理解为被动的；忍耐就是我别无选择，不得不去经历。因此，斯托亚式的忍耐操练的目标是，既然人们是在一个无可奈何的世界，那么去学习面对命运。人生最高的境界就是不动情，波澜不惊，这就叫忍耐。而基督徒所说的忍耐，保罗举出两个方面，首先，这种忍耐不是一种不动情，内在的压制。他可以同一个哀哭的人一起哀哭，在忍耐及经历痛苦的时候可以在上帝面前倾诉释放出来。甚至耶稣说，哀痛的人是有福的。换言之，哀痛可以通过某种方式表达出来。当然对一个基督徒来说，更多是在上帝面前的表达；第二，它不是一种无奈中的忍耐，而是主动去面对。按照加尔文，这种心态是相信自己所有经历到的，即便是苦难，也是出于神的公义、公平和恩典。人们经历上帝的管教、或者外在逼迫的时候，当事者下意识的反应是抱怨，至多是当作上帝的管教而感恩；但这还不够，当事者还要在这经历中不是无奈而是真实地认识到上帝的公义、公平；借着这种认识拓宽当事者的心胸，让他的生命更加完全。总之，这就是从上帝而来的忍耐，在加尔文看来，与当时哲学家说的忍耐有所不同。

3、默想永生

加尔文对默想永生的谈论涉及两个方面，一个是对今世的基本态度；另一个就是人们在这个世界的基本行事原则。

首先，加尔文用了两个字来描述基督徒对这个世界关系的基本态度：轻看；也就是圣经所说，不要爱这个世界。轻看就等于不要爱世界。他也解释说，轻看不等于恨恶这个世界；轻看是和感恩的心联系在一起，即带着上帝给这个人在这个世界的祝福和感恩来看这个世界。假如人们在过去曾经有过追求和梦想，希望能够实现自己人生的目标，那么上帝让人有人生的回转，把这一切都放下。当然上帝依然会赐给他们所必需的；赐给其食物、衣服、住房、及朋友等，只要他能意识到这是在享受来自上帝的祝福。如果上帝没有赐给其一个房子，使他仍与人合租，他也会把这当做是神给自己一个祝福，几个人住在一起也是很快乐的。带着感恩知足的心来轻看这个世界，这是一个基本的态度。

这个基本态度转换为我们的行事原则。加尔文这里基本上有三个基本原则。

第一原则是有的好像没有，这就如同保罗在《新约·哥林前多书》中所说的话："弟兄们，我对你们说，时候减少了。从此以后，那有妻子的，要像没有妻子；哀哭的，要像不哀哭；快乐的，要像不快乐；置买的，要像无有所得；用世物的，要像不用世物；因为这世界的样子将要过去了。"[17] 就是说，不要把在这个世界中所拥有的任何事物当作是人生中最重要的，好像人可以永远拥有；好像人离开这些的话就不能生活。在这个境界中，人们就可以做到在什么境况下都知足，"我无论在什么景况都可以知足，这是我已经学会了。我知道怎样处卑贱，也知道怎样处丰富，或饱足、或饥饿、或有余、或缺乏，随事随在，我都得了秘诀。"[18] 这是轻看态度具体表现的行事原则。

---

17 林前 7：29-31
18 腓 4：11-12

第二个原则，就是有能力的人要作上帝的好管家，把自己从事的职业当成上帝呼召自己做的天职。这个原则需要稍微有些解释，因为它涉及到对上帝恩赐的看法。按加尔文，上帝给一个人恩赐或能力的主要目的不是单祝福这个人自己，而是通过他去祝福其他人、教会和生活中的邻人。这种祝福特别通过上帝对一个人所从事之工作的呼召显明出来。如果他忠心地上帝呼召他去做的工作，那么他所从事的工作或行业就会得到上帝的祝福。他所得到的祝福或成功就可能是上帝专门托付他去祝福其他人的途径。终极层面是在服侍上帝，成为他的管家；而从另一个层面看，上帝也通过他所做的成果，服务社会或教会中的其他人。这就是韦伯在其《新教伦理与资本主义精神》一书中所涉及到那个主题，宗教改革的精神对于近代资本主义的出现产生了重要的影响。如果说早期资本主义的发展与宗教改革有某种关系，那么就是与这种节俭的精神、作上帝管家的精神联系在一起。所以从基本行事原则上来看，把一个人所做的工作或从事的行业当成是上帝对自己的呼召，把上帝对自己工作的祝福当作是上帝交托给有效管理的资源，这是个基本原则。

第三，不是只涉及和世界的关系，还涉及到如何看待死亡，积极面对将来的生活，面对离开这个世界之后的生命。从人的本性上来说，上面所说的每一个操练，否定自我、背负十架、及默想永生中都会面对人罪性中非常顽固的那些部分。而到了这里，按照加尔文，人们所遇到的人罪性中最顽固的东西就是害怕死亡。害怕死亡使人不能积极面对死亡，乐观地面对死之后的生命。希腊哲学在苏格拉底的时期，就把哲学的学习与思考定性为是为死亡作预备。但对加尔文来说，便即在道理上似乎人可以明白，死亡不过是一个生命的转换，死亡就是一个门，从这里一个人迈出去进入一个新的广阔的天地。但理智上明白是一回事，下意识恐惧是另一件事。如果人们花时间进行上述的操练，同时思想死亡及死后这个方面的话，他们就会理解保罗就说，基督徒不是乐意脱去这个，乃是为了穿上那个。就是说，基督徒并不追求早一点离开这个世界，脱去地上的帐篷（身体），但如果到了上帝所定的时候，他们也能随时积极喜乐地离开这个世界。换言之，积极预备基督随时可能来，面对在生活的每个时刻人们都可能离开这个世界，是基督徒在这个世界生活的一个必要维度。

总之，在加尔文的这本书中，他给我们描述了一种特别的生活方式。虽然并不是每个人都愿意去实践这种生活方式，但他毕竟在我们的面前描述了一种别样的、可能在我们很多人眼中不太熟悉的生活方式。在这种生活方式中，既有出离今世的终极关切，使人们不致于被这个世界的潮流所裹挟；也有进入今世的积极态度，让人们能够把自己所从事的工作或生活当作是具有神圣召命的使命去尽心尽意地完成。正是这样一种既出世又入世的人生态度，可以帮助我们更多地理解在历史上曾深受加尔文思想影响的清教运动在世界的某些地区所开创出的对人类文明的特别贡献。而我们关切人类文明在某个地区的发展时，我们不当只是关切这棵树上所结出的一些果实，而同时要看到在这个树的树干中所涌流着的、以日常生活方式体现出来的生命活力、以及带来这种生命活力的源头活水。

第五章　作为盟约的婚姻

　　在基督徒的生活中，婚姻无疑是其中非常重要的一个方面。在这个世俗化的时代，随着人们价值观的变化，不少人对婚姻的看法距传统的观念越来越远。在很多人的眼中，婚姻关系不再被尊重，以至于结婚和离婚都可以很随意地处理。婚姻外的性关系，用同居代替婚姻等现象随处可见。人们对婚姻关系的随意处理，反映出现代人对婚姻关系的理解。这种理解或者把婚姻关系仅仅理解为两个人之间的一种权利与义务的合约，或者就是浪漫之爱的关系的一种表现。无论是合约还是爱的出现，认同了就签字建立，不认同了就解除。似乎特别反映出现代人享受到的一种自由。在这个基础上对婚姻关系的看重，不过是这个人的道德水准高一点而已。

　　从教会的传统来看，教会时常强调婚姻关系看作一个盟约，即把婚姻关系看作是一种彼此无条件委身、只有死才能够解除的生命之约。这种把婚约视为盟约的观念，对于很多现代的已婚人士来说，像是一个全新的观念。这为我们提出了关于婚姻关系的神学问题：如何理解婚约作为一种盟约所当有的性质？在加尔文的《基督教要义》中，虽然没有专题地讨论这个问题，但在书中的某些地方，他还是片断地表达了他对婚姻关系以及盟约的看法。将他在《圣经注释》等其他书卷中的相关观点整合起来，就可以形成加尔文对婚姻是一对男女之间建立的盟约关系的完整论点。

一、宗教改革中的争论

　　宗教改革前，在基督教世界中流行的是天主教的作为圣礼的婚姻观。这种婚姻观出现于 12-13 世纪。主要来源于圣维克多的休（Hugh of St. Victor, c.

1143）所写的《论基督信仰的圣礼》、伦巴德（Peter Lombard, c. 1150）的《语录》、以及阿奎那（Thomas Aquinas, c. 1265-1273）的《神学大全》。这种婚姻观经过几个世纪的发展，到 16 世纪宗教改革时期，已经成为深入到当时社会生活各个方面的统治性观念。

从大的方面来说，这种婚姻观从三个角度来定性婚姻：1）从人作为一种被造者，以自然律的角度来看人之间的婚姻；2）从两人之间的合意，以合约的法律角度来看人的婚姻；3）作为教会信仰的圣礼，教会的属灵法规上来看婚姻。前两个方面基本上被宗教改革家所继承，而第三个方面在这三者中占据着主导地位，最能够反映天主教的婚姻观的立场，也是在宗教改革中争议最大的一个问题。

婚姻作为圣礼，其以可见的方式表征了天主在婚姻中的同在，表征了那不可见的基督与其教会的联合。就如基督与教会的联合是不离不弃的一样，作为圣礼的夫妻之间的婚姻关系也应当是不离不弃、一生一世的。当夫妻双方在这样一个圣礼上，向对方同时也向着天主发出自己的誓言的时候，这个婚姻就被圣化了。这个圣化的婚姻关系成为天主持续赐恩祝福这对夫妻的管道，使其能够达到天主设定婚姻所期待的目的。从小的方面说，这种圣化能够除去婚姻中因为两性关系所带来的不洁，帮助夫妻哺育并教育后代成为认识上帝的人。从大的方面说，则使这个具有自然色彩的两性关系提升，使其成为教会秩序中的一环，即成为天主施恩的一种建制或者管道，帮助人们在得救过程中使生命不断成圣。在这个意义上，婚姻作为圣礼的结果就是，婚姻关系被定位在属于教会秩序或者建制的一个部分，为教会所管理。当然，相比之下，在教会的秩序中，婚姻被排在独身与隐修制度之后，后者是天主所祝福的更能够帮助人们成圣的方式。

这种对婚约的圣礼化的理解，带来的一个明确的结论就是，一个已经成立的婚姻是不可能被解除的，就如基督与他的新妇（教会）的联合永远不可能分离一样。如果人们有婚姻方面的争议，那么在那个时代的基督教世界，唯一有权解决这种争议的权威机构就是教会法庭，因为婚姻被定性为教会秩序的一个部分，属于教会当管理的事务。中世纪后期的教会专门制订了针对婚姻的所谓正典法（church's canon law of marriage）。这个法规在以后的数个世纪中成为整个西方基督教世界中唯一权威的处理婚姻问题的法规。教会法庭依据这个法规对婚姻争议作出的判决是唯一权威的判决。

根据这个正典法，一个有效的婚约是永远不可能被解除的。如果出现婚姻争议的问题而上诉到教会法庭的话，通常的解决方式只有两种：或者严重到某种程度的时候，教会法庭可以判定双方分居；或者当事者提供出足够证据的话，比如强迫、近亲或者完全无性功能，法庭可以判定这个婚姻是一个无效的婚姻。在前种情况下，当事者不可能再婚；后者也只有部分的情况下当事者才能够再婚。无论哪种情况，依据正典法进行判断的主要思路就是：那个在天主面前为唯一的婚约是否还是有效的，如果是有效的，它就既不能解除也不能被替代。

在宗教改革前期，改革者们发现，这种婚姻的管理法规，在很多情况下，并没有减少婚姻中的问题，促进人们对婚姻的尊重。从教会法庭的角度，判定分居可能是为了以后的挽回。但在已经有婚外性关系产生的情况，分居可能导致了更多婚外性关系情况的出现。如果说婚姻作为圣礼本来突出了其属灵的意义，但在教会的秩序中，独身及隐修制度又被置于婚姻制度之上，在某种意义上，其实与婚姻作为圣礼的神圣性发生冲突。婚姻关系并没有得到人们应有尊重。另外，正典法中所认定的所谓隐秘的婚姻方式，即只要是当事双方自己作出了婚姻的誓言，这个婚姻就已经成立，在实际中也带来了一些问题。

不过，宗教改革家们对天主教婚姻观的批评并没有主要针对这些问题，而是直接涉及到问题的核心：婚姻是否是一种圣礼？婚约是否应当被定性是教会秩序的一部分，由教会法庭来决定其成立与否？有一点是所有宗教改革家们都一致认定的：婚姻不是一种圣礼。

无论是路德还是加尔文，都对圣礼有如下一致的看法：圣礼应当是一种可见的方式显示出上帝对人的救赎性的应许，并且它有直接来自于基督的权威。这个意义上，他们认为婚姻与人的得救，以及上帝在这方面的应许并没有直接的关系。人得救是因信而称义，与人们是否进入婚姻之中，以及在婚姻中的善功没有直接关系。就这一点，路德曾说："在圣经中，我们找不到任何地方能让我们看到什么人借着婚姻而得到上帝的恩典；也没有告诉我们在婚礼的仪式中包含着怎样的线索，使那个礼仪成为一种神圣的礼仪。"[1]

1　*Martin Luther: Selections from His Writings*, ed. John Dillenberger, Garden City, N.Y.: Doubleday, 1961, p.326.

当婚姻不再被看作是圣礼的时候，改革家们对婚姻关系之本质的理解就有了很大的转变。路德从他的两个国度的神学理论出发，认为婚姻与将来的上帝的国度没有直接关系。婚姻属于地上的国度的事情，属于地上三种主要制度之一：即家庭、教会、及国家。这样，婚姻关系就从教会的建制中分离出来，而有一种独立存在的地位。用路德自己的话来说就是，婚姻是一种受祝福的神圣的呼召，在被造领域中有其自身的权威与责任，因而与教会及国家相并列。[2]

对于路德来说，从创造的角度，婚姻除了传统所说的那些目的，即养育儿女、培育爱并医治人的贪欲之外，其最重要的责任是其社会责任。作为一个基督徒的家庭，其应该在教会中、国家及社会中有一个榜样性的见证，显明出一个彼此相爱的、负责任的、生活节制的家庭是怎样的。在这个家庭的领域，尽管人们不是在修道院里，不是在教会里，人们同样是在过着一个有着神圣呼召的生活，是对在教会中认识的那位上帝的事奉，是对自己生命的操练。在这个意义上，独身及整个的隐修制度并不具有属灵上的优越性。不仅从创造的角度讲不合上帝创造的原本意图，而且从圣经的角度看，也与上帝的教导有别。独身是上帝的恩赐，完全是个人根据自己的领受而有的自愿选择，不应该成为教会圣职的一项要求。

这样，路德就把婚姻关系从传统天主教所置于的教会秩序的领域迁移到了自然—社会秩序的领域中，即路德所言的地上的国度中。在这个领域中，尽管婚姻作为神圣的呼召，仍然保有其属灵的意义，但从本性上，它受自然法及社会立法的制约，而不是受教会法的制约。按照路德的表达，"没有人能够否定婚姻是一种外面的、世上的事务，就像衣服、食物、房屋与财产，都一样地受制于世上的权威，就如国家的法律对其他世上的事物有效一样。"[3] 在这个意义上，婚姻可以看作是上帝对所有人的恩赐与祝福，无论是信徒还是非信徒，就像是上帝在世上的其他事物上对所有人的祝福一样。尽管不同的家庭中，婚姻对于不同人的意义可能会不同，但就都属于自然—社会这个秩序而言，信徒与非信徒的婚姻关系在性质上是没有什么区别的。

---

2 参见，Gustav M. Bruce, *Luther as an Educator,* Westport, Conn: Greenwood Press, 1979, p.123.

3 LW, 46: 265. Martin Luther, Luther's Work, Philadelphia: Muhlenberg Press, 1955-1986, 46:265

路德关于婚姻的这种自然—社会观带来的一个明确的结果就是：婚姻争议问题不再是上诉到教会法庭，而是上诉到国家的民事法庭，根据国家制订的关于婚姻的法律来判定。根据这种法律判定某个婚约被解除，那就是被解除了。这对于信徒还是非信徒的婚姻关系都是没有分别的。在这种民事婚姻法的用语及思路中，婚姻是地上国度的事务，而不是上帝国度里的事务，不存在天主教正典法中所涉及的在上帝面前的婚约还是否有效的观念。

当然，路德宗的神学家们一直坚持的一点是，作为基督教国家，它的立法从根本点上要符合圣经的原则。在婚姻的问题上，国家的婚姻法应该与圣经的原则相一致。政府的权柄是上帝所赋予的，其权威来自于其所依据的法律应该能够反映圣经的原则及上帝的心意。不过，在此同时，他们也区别了对信徒的道德要求，以及一般社会的法律要求。福音书中耶稣的登山宝训是针对他的门徒的；描述的是天上国度的完美情况。而对于地上的国度，法律必须考虑到人的罪的本性。婚姻法一方面要促进并保护婚姻，另一方面也要维护这个有罪的社会秩序。在这个意义上，路德说："今天或许要考虑到，那些乖僻、心硬、固执的人，他们不仅没有能力接纳，也完全不适于婚姻生活，这些人应该准许他们离婚。因为像这样邪恶的人们，不可能再找到别的管理方法。经常出现的情况是，某种事情尽管是不好的，但为了避免更大的恶，它又是必须要做的。"[4] 需要提醒的是，路德这里并不是针对非信徒说这番话的。在路德的观念中，这里的法律是同时适于非信徒与信徒的。

二、加尔文的婚姻观念

如果我们把加尔文起草出《日内瓦婚姻法规》的 1545 年作为一个界线，那么在此之前加尔文的婚姻观可以说是他早期的观点，主要是受到第一代宗教改革家的影响，特别是路德的影响。在这个时期，他对天主教婚姻制度的批评也基本上是从两个国度的理论出发的。在 1936 年的第一版《基督教要义》中，他就指出，"人处在双重的治理之下，其一是灵性的方面，其中人的良知在对上帝的敬畏中得到引导；其次是政治的方面，其中人被培养成可以承担人类社会生活之责任的人，这对维系人的社会生活是十分必要的。"[5] 从这个基本分别出发，加尔文反对把婚姻看作是天上国度的圣礼，而是人们在这个

4　LW, 21: 94.
5　Calvin, *Institutes of Christian Religion*, (1536), chap. 6. 13.

地上生活的一种模式。尽管婚姻可以象征基督与他的教会的联合，但婚姻本身并不承载或者传递出任何神圣的应许，以及使人得救或成圣的恩典。[6] 另外，加尔文也与路德一样，对天主教的独身及隐修制度给予了很多的批评。

不过，作为一个法学家，加尔文与第一代宗教改革家不同的是，他对当时天主教会的《正典法》也做了较多的反省与批判。加尔文反对教会拥有司法审判权。对这一点，他在 1536 的《要义》中曾这样写道："教会不应当越过上帝话语的界限，纵容自己制订新的法律，构造新的事物"来限定属灵的生活。尽管一些法则"对于人内在的纪律、及在基督徒群体中维持平安、诚实与好的秩序是必要的，"但教会没有权柄把这些法规强加于"人的良知中基督已经将人释放出来的那些事物上"，例如那些在生活中外在的、与救恩无关的事物。[7] 具体到婚姻法规，加尔文批评说："教皇专制及不法的法规如此地混乱了婚姻事务，以至于有必要从上帝的话语的亮光中对其矛盾之处给予纠正，""制订出新的法规使得婚姻事务能够得到管理"。[8] 当然，这份以加尔文为主要起草者的《日内瓦婚姻法规》，不是作为一份新的教会法规被制订出来的，而是作为日内瓦城市议会的法律被制订出来的。其实，在基本的立场上，加尔文继承了上一代宗教改革家的观点，即婚姻关系被定位在人的自然—社会秩序中，而不是定位在教会的或者属灵的秩序中；即使是在加尔文将婚姻看作是一种盟约关系的成熟时期，他的这一基本立场也没有改变。

1545 年后，加尔文对自己早期从路德那里继承来的婚姻观念及其建立在此基础上的婚姻法规进行了反思，认为路德将婚姻关系定位在人的自然—社会秩序中虽然纠正了天主教圣礼婚姻观的错误，但同时带来了的新的问题：作为完全从属于地上国度的一个建制，婚姻似乎与人的属灵生活失去关联，这样婚姻关系似乎就没有了来自于上帝的神圣性。十六世纪中期，公民对待婚姻问题的放纵和随意以及婚姻法在政策上的宽松都导致改教地区中的婚姻状况在一定程度上出现混乱。这种状况促使加尔文重新回到圣经文本中，对自己早期的婚姻观念进行修正。尽管他充分意识到这个问题的重要性，加尔文在他有生之年还是没有能够就这个主题系统地阐述自己的盟约婚姻观。后人只能通过散见在他后期一系列的圣经注释、讲章、书信以及 1559 年版的《基督教要义》中的关于婚姻的零星片段进行归纳和总结。

6　Calvin, *Institutes* (1536), chap. 4. 1; 5. 68-71.
7　Calvin, *Institutes* (1536), chap. 6. 17; 6. 20.
8　Calvin, Institutes (1536), chap. 5.71; 6.25; 6.31.

　　"婚姻是一个盟约"这观点在教会传统中已经存在很长时间，但是将它作为婚姻关系的主要特质，主要还是源于加尔文的神学。盟约是加尔文神学中一个很重要的观念，他继承了西方教会传统对盟约的理解，在《基督教要义》第二卷第十章第八节，他将上帝和选民之间的盟约总结为一句圣经经文："我要作你们的上帝，你们要作我的子民。"（利未记 26：12）在他的看法中，盟约的意义接近"上帝的应许"，是上帝单方发动，而非两厢情愿。盟约的关系体现出上帝绝对的主权，而非双方地位平等。[9]他强调盟约内涵的历史传承，认为新约和旧约实际上是一个约，"上帝与众族长所立的约在实质上和与我们所立的约完全一致，其差别在于立约的方式。"这个约有三个特色：首先，给人"永恒的盼望"；其次，神与人立盟约"并不依靠他们的功劳，而是完全依靠呼召他们之神的怜悯"；第三，人以"拥有并认识基督为他们的中保。"[10]

　　　加尔文认为圣经中盟约的概念不仅应用于上帝与选民之间至上而下的关系，还应用于婚姻中夫妻双方之间水平的关系[11]，他多次在圣经注释和讲章中提到婚姻是一个盟约。在加尔文的观念中，盟约是上帝发动的，因此不同于一般的契约，是双方各自开出条件来；盟约的条件由上帝开出。当婚姻被定义为一种盟约的时候，婚姻中所有的条款在上帝创世之初设立婚姻时已经确立，进入婚姻关系的男女遵守这些条款不仅关系到两人之间的关系，还关系到双方各自与上帝的关系。这样，婚约中实际上存在两个维度的关系，首先是夫妻之间相互的关系，其次是双方和上帝的关系，加尔文认为前者建立在后者基础之上。在《玛拉基书注释》中，加尔文写道："上帝是婚姻的建立者。当一个婚姻在一个男人和一个女人之间建立的时候，上帝在其中主导，并要求双方的誓言。因此所罗门在《箴言书》中把婚姻看作是上帝的盟约（2：17），因为它超越于所有人的合约。也因此玛拉基（2：14）宣告上帝是婚姻的确立者，他用他的权威把其中的男人和女人结合到一起，制订了盟约。"婚姻是神圣不可侵犯的，当一个人违背了他婚姻的誓言，他实际上已经破坏了整个上帝所设立的自然秩序，"因为婚姻是人类的根基。"[12]作为一个盟约，加尔文认为婚姻意味着委身、摆上，在《以弗所书注释》中，加尔文说，在婚姻关

9　林鸿信，《加尔文神学》，台北：礼记出版社，1999，101

10　加尔文，《要义》，II，10，2。

11　John Witte, JR., *From Sacrament to Contract: Marriage, Religion, and Law in the Western Tradition*, Louisville: Westminster John Knox, 1997, p.95.

12　Calvin, *Commentaries on Malachi*, 2：14

系中应当舍己，彼此相爱，彼此忠诚，彼此服事，正如基督徒应当爱上帝，忠于上帝并且服事上帝一样。[13]

尽管一再强调婚姻的神圣性，加尔文的盟约婚姻观和天主教的圣礼婚姻观还是不同的，他在这个问题上并没有放弃自己早年从路德那里继承来的两个国度的神学理论。婚姻从属于地上的国度，是人属世生活的一个部分，这一基本立场在加尔文的思想发展过程中至始至终没有改变。在《要义》中，加尔文对将婚姻看作是一种圣礼的观点进行了反驳，他指出：圣礼必具的条件是传递上帝救赎的应许，婚姻不具备这个条件。天主教将婚姻看作圣礼主要是因为婚姻具有两个特征：一、婚姻是上帝设立的；二、婚姻表征选民和上帝的关系。加尔文特别指出具有这两个特征的不见得都是圣礼。"耕田、建筑、做鞋、以及理发也是来自神合法的条例，但这些条例并不是圣礼。"如果说只要某事"象征"与上帝的关系就应当归为圣礼，那么"偷窃也将算为圣礼，因为经上记载说：'主的日子来到，好像夜间的贼一样。'（帖前 5：2）当这些经院神学家们这样愚昧地胡说八道时，谁能忍受他们？""但若任何人将这些隐喻视为圣礼，他就该被送到精神病院里去。"[14] 婚姻作为盟约尽管具有神圣性，但它并不传递任何上帝救赎的应许，与人的得救没有关系。在这个意义上，婚姻仍然是一个地上的建制，是世俗的。

在他后期的圣经注释中，加尔文从上帝创造的角度，说明了上帝设定婚姻的三个目的。首先，婚姻满足夫妻双方彼此支持、帮助、与相爱的需要；其次，为了生育和养育下一代；第三，使双方受到保护不至于犯情欲的罪。[15] 在这个方面，加尔文基本上是从人作为一个被造者来看上帝所设立的婚姻的。从这个角度来看，每一个人，无论是男是女，都是上帝按照他的形象创造的。婚姻是具有上帝形象的人的不可少的组成部分。自人堕落后，虽然人被造时所依据的上帝形象受到很大的亏损，但上帝设置婚姻的目的并没有失效。这目的对于信徒间的婚姻与非信徒间的婚姻都还有效。如果婚姻是上帝对人的祝福，那么它属于普遍恩典，赐给他所造的每一对夫妻。[16]

由于属于自然社会秩序，所以婚姻受到自然律（或者道德律）的限制。

---

13 Calvin, *Commentaries on Ephesians*, 5：21-27

14 加尔文，《要义》，IV，19，34。

15 Calvin, Comm. Gen. 1:17; 1:28; 2:18; 2:21; 2:22; Comm. 1 Cor. 9:11; Comm. Eph. 5:30-32; Serm. Eph. 5:28-30.

16 Calvin, Comm. Gen. 1:27.

在加尔文早期观念中，他把自然法定义为上帝的命令，既普遍地印刻在人的良知中，也被更完整地记载于圣经之中的上帝的话语。不过，后来他越来越多地将其与上帝创造时赋予被造界的秩序联系在一起。自人堕落以后，人靠遵循道德律已经不再能够让自己从罪的状态中摆脱。人从罪的状态中脱离得救，按照路德和加尔文，乃是靠着基督已经完成的恩典，以及因信得到这个恩典。不过，对加尔文来说，道德律并没有因此失去它的作用。它对于地上的人的社会生活，无论是信仰者及非信仰者的生活，都还是有其用途的。加尔文从两个方面讨论到道德律对于人类生活的作用。

首先，道德律有其社会的用途。就这个用途来说，它可以适用于社会中所有的人，并对维持一个社会的有序来说，是绝对不可少的。在加尔文的用语中，道德律的这方面的用途主要是通过社会立法实现出来，所以它具有强制性。在这个方面，加尔文认为，上帝使用"道德律这个缰绳来制约那些狂妄的人，以及他们那不受限制的肉体的情欲……由于受到惧怕或者羞耻的约束，罪人既无法为他们心里所谋划的开脱，也不会公开地放纵他们的欲望。"道德律因此会迫使人们被迫地履行他们的社会道德责任。[17] 在这个意义上，就是非信仰者，他们在自己的婚姻中，也会多少意识到他们对于婚姻的基本责任，至少在人的良知中，没有人能够为自己找到开脱的理由。

其次，道德律有其属灵方面的用途。这特别是对于信仰者间的婚姻来说的，即通过对这些道德律的自觉遵守，来操练自己圣洁及成圣的生活。这个用途主要是通过教会纪律实现出来。加尔文认为，即使是圣徒，也还是需要道德律的操练来"更完整地认识……主的心意，并唤起对其的顺服。"[18] 在这个意义上，信徒遵守道德律，不只是被动地履行其社会的责任，同时也有其属灵生命方面的意义。

道德律的这两个方面的用途，不管是通过国家法律还是还教会纪律体现出来，它们都来自于同一个来源：上帝创造时所确定的普遍道德律。这里，并非信徒之间签订的是一个性质的婚约，非信徒之间签订的是另一个性质的婚约；好像两种不同性质的婚约分别受两种不同性质的律法制约。这并不是加尔文的观念。他的观念是：同一个性质的婚约，受到同一个性质的道德律的制约，同时又受到同一位上帝的护佑之工维护。只是对于信徒来说，在其

---

17 加尔文，《要义》，II，7，10.
18 加尔文，《要义》，II，7，12.

履行与其他人一样的普遍的责任的同时，他们生命中还会受到圣灵的激励，自愿自发地去寻求更高的属灵方面的要求，从而与他们的信仰相一致。

这第二个方面，表明加尔文的盟约婚姻观又确实不同于路德提出的社会建制婚姻观，后者认为婚姻完全是世俗的事情，就如吃饭、穿衣、住房、财产等，与人的属灵生活毫无关系。加尔文认为尽管婚姻关系从性质上来说是一种世俗的建制，但仍然具有"必不可少的属灵源头及属灵约束力"[19]。在后期的圣经注释和讲章中，加尔文用了很多属灵的术语来描述婚姻，如"神圣的结合"、"圣洁的团体"[20]、"属天的呼召"[21]、"天赐的伙伴关系"、"爱的联合"、"生命的根源"[22]等等。在他的讲章中指出："上帝在每个家庭中做王，哪怕是处在极度的贫困之中，只要夫妻双方彼此交付自己，承担当尽的责任，就拥有比修道院生活更大的荣耀，并且更接近上帝国度的的圣洁。"[23] 这样，加尔文已经远离了自己早期将婚姻刻板地描述为"一种良善的规定，正如耕种、建筑、纺织、工艺等"[24]的态度。

婚姻的盟约性质与上帝对婚姻的护佑相关。上帝的这种普遍性的护佑工作，从一开始就体现在这个婚姻的成立过程。我们很容易认为，信徒的婚约是在上帝面前交换了婚姻誓言而成立的，因此具有盟约的神圣性质。而非信徒的婚约因为没有在上帝面前履行这个仪式而不具有盟约的神圣性质。其实，一对婚姻关系并不因为是在教堂之外举行，或者没有在牧师的询问下发誓，就不具有盟约的性质。对于加尔文来说，婚姻的盟约性质不主要地来自于人的誓词，而主要地来自于上帝护佑的工作。当然在加尔文那个时代的日内瓦，每个公民或者生活在那里的人都是教会中的成员。因此，当加尔文阐述婚姻的盟约性质时，他的语境确实主要是对着信徒来说的。但他强调更多的是上帝的工作，而不只是当事双方的身份。在以弗所书的讲章中，他也强调说："婚姻不是由人命定（be ordained by men）的事情，我们知道，上帝是它的建立者（author）。"[25]

---

19 John Witte, Jr., and Robert M. Kingdon, *Sex, Marriage, and Family in John Calvin's Geneva*, Grand Rapids: W.B. Eerdmans, 2005, p. 490.

20 Calvin, *Commentaries on Genesis*，2：21

21 Calvin, *Commentaries on Matthew*，19：11

22 Calvin, *Commentaries on Malachi*，2：14

23 John Witte, JR., *From Sacrament to Contract: Marriage, Religion, and Law in the Western Tradition*, Louisville: Westminster John Knox, 1997, p.110.

24 加尔文，《要义》，IV，5，68。

25 Calvin, Serm. Eph. 5:22-26.

上帝的这个护佑工作，对于一对婚姻关系的建立来说，是通过四个方面的当事者实现出来的，即双方的父母，教导孩子基督徒婚姻的道德观念，同时对他们的结合给予认可；[26] 双方的同伴，作为"上帝的牧者和他们的同伴"，证实双方誓言的忠诚和庄严，并且见证这个婚姻事件。[27] 教会牧师，掌管着上帝话语的属灵权柄，祝福他们的结合，同时将圣经规定他们各自的权利和义务告诫夫妇二人和整个社团；[28] 以及政府官员，掌管着"上帝现世刀剑的权力"，登记他们的婚姻，使其合法化，并且保护相关的人和财产。[29] 这四个方面的当事者从不同的维度参与了上帝确定这个盟约的工作。这个盟约的建立可能要经过一个过程，最后集中体现于一个公开的婚礼中。这个盟约的合法性，不只是与婚姻双方的誓言相关。出于上帝的护佑之工，一定是与上述四个方面的认可相互关联。加尔文特别在这里提到政府官员，表明上帝确定的盟约，也经过了政府法律的认可这样的一个印证。"官府，手握着上帝赋予的世俗的权柄，"通过对这个婚姻的注册，确保他们联合的合法性，并保护他们在生活及财产上的结合。[30] 就这个方面来说，加尔文无疑反映了宗教改革家的共同立场：婚姻即便作为盟约，它也仍然属于普遍的自然—社会秩序之中。

1546 年，当新的婚姻法规开始在日内瓦执行的时候，加尔文及其所在的教会审议会（Consistory）受到当事人的质疑。在一个事例中，一个当事者指责加尔文在审理婚姻事务上好像就是"新的教皇"。[31] 另一个事例中，当事者当着加尔文的面直截了当地指出教会审议会没有权力来审理所涉及的婚姻争议。[32] 这类的事件向加尔文提出了如下的问题：为什么教会审议会有权力参与到婚姻争议之中？它在解决婚姻争议的过程中能够发挥怎样的作用？这些问题都直接涉及到婚约作为盟约的性质。

---

26 Calvin, *Commentaries on Leviticus,* 19:29

27 加尔文，《要义》，IV,18,16-17。

28 Calvin, *Sermon on Ephesians,* 5:31-33

29 John Witte, JR., *From Sacrament to Contract: Marriage, Religion, and Law in the Western Tradition*, p.95.

30 John Witte, JR., *From Sacrament to Contract: Marriage, Religion, and Law in the Western Tradition*, p.95.

31 Case of Phillibert of Beauxliex, May 20, 1546, in *Registres du Consistoire de Geneve,* 2:55

32 Entry on December 16, 1546, in *Registres du Consistoire de Geneve,* 2: 98.

其实，如果我们更多地了解当时《日内瓦婚姻法规》的执行情况，我们就会知道，教会审议会只是负责调查并写出处理建议，最后的判决是由代表了城市政府权力的市议会来作出的。在实践中，教会的责任是教导每个人明白关于婚姻的真理；促使政府立法及执法机构按照圣经的原则去设立有关婚姻的法规，并使之执行。在具体的婚姻争议中。教会审议会通常会鼓励信徒按照一个更高的属灵的标准去过婚姻的生活；而一旦出现问题，则会退回到法规的基本要求，建议市议会对其执行强制性的制裁。

总之，加尔文关于婚姻的盟约神学确实存在着两个侧面。一方面，他强调婚约属于地上自然社会的秩序，对于每对婚姻来说都是同一种性质。另一方面，他又说明其是上帝通过其护佑之工所建立的具有神圣性的盟约，具有对人们属灵生活的重要性；一方面婚姻需要地上世俗权柄所设立的强制性法规来维护它的秩序；另一方面，它也需要教会群体在属灵的方面对其给予激励；一方面它根基于上帝的创造与命令，使有罪的人的贪欲能够得到限制；另一方面，它又象征着上帝从天上对人的爱的关系。这种张力的存在正体现了婚姻关系在加尔文神学中的独特地位：作为世俗社会中的一个建制，婚姻关系的重要性次于人与上帝的关系，但作为一个盟约，婚姻关系又优越于其他一切社会关系，在人们一切社会关系中是最基本的结合，是社会秩序中重要的一环。

三、加尔文对离婚与再婚的看法

从加尔文对离婚与再婚的看法中，我们可以更具体地了解他对婚约作为一种盟约的性质。这一方面，他的比较集中的论述在他对申命记24章、马太福音5章及19章有关段落的注释及讲章中可以看到。

在对申命记24章1-4节的解释中，加尔文按照福音书中耶稣对这一段经文的解释，认为法利赛人所自持的离婚是合律法的看法并不是对上帝这方面律法的正确理解。按照加尔文的解释，上帝之所以允许犹太人给妻子写离婚证书，"是为了那些受到残酷压迫的妻子，与其让她们一生在残暴的专制下呻吟，不如让她们得到自由。"[33] 另外，写这个证书本身，也是对这些随意离弃妻子的丈夫的谴责，"那些承认他们离弃妻子，只是因为她不能够取悦他，这等于将他自己置于乖僻和无常的双重谴责之下。"[34] 在这个意义上，法利赛人

---

33 Comm. Deut. 24: 1-4.
34 Comm. Deut. 24: 1-4.

并不象他们所自认为的那样好象是在履行上帝的律法，其实他们还是有罪的。只是上帝因为他们的罪性，对他们的离婚不给予处罚就是了。

因此，上帝之所以允许人们离婚，只是对人的罪性的一种"让步"，"这种允许仅限于共同的民法秩序，这种法律的目的是为了将人们限定在一种秩序中。"而从较高的属灵秩序来说，则是不允许的，"这种秩序中上帝的儿女应该被圣灵所塑造。尽管上帝并不处罚那些在合理合法的基础上离婚的人，但他的旨意是婚姻应该不受到侵犯。"[35] 这里，婚姻关系的解除，是按照民法的层面来判断的。虽然上帝对信徒有更高的要求，但这并不意味着在地上婚约解除了之后，在属灵秩序中的婚约还存在着。这是天主教的婚姻观念，而非新教的观念。

按照加尔文对马太福音的解释，从某种意义上，"夫妻间的婚姻关系甚至比父母与子女间的关系还要神圣"；当夫妻二人已经成为一体的时候，夫妻间要分离开来，"就同要人从他自己身上撕下一半下来一样"；也好像把孩子从他们的父母身边夺去一样。[36] 但有一个例外，就是当一方出现婚外性关系的时候，另一方可以和其解除婚约。这也是加尔文唯一认可的一种合法的离婚理由。

不过，在加尔文所制订的日内瓦婚姻法规中，也存在着另一种离婚的理由：被弃。在他看来，被弃之所以被接受为是一种理由，是因为他认为，任何一种不当的长久分居，超过了正常的社会或者职业责任的时候，"都近于淫乱（即指婚外性关系）的出现"，"特别是在性欲及冲动的试探下"。[37] 对于这种情况，他会要求分居的双方能够和好，抛弃方能够回到家中，而被弃方应该宽恕对方。不过，当和好已被证明完全不可能时，加尔文更愿意以其中一方被设定为可能存在婚外性关系而解除其婚约，而不是让他们长久地分居下去。[38] 这种解决方法与他所支持的只有婚外性关系的发生是圣经中唯一离婚理由的观点相吻合。

关于再婚，除了认为合法离婚中无辜的一方可以再婚外，加尔文对于有罪的一方是否能够再婚的看法也有一些松动。在他后期的一封信中，一方面，加尔文指责那些破坏婚姻的人，认为他们好像并没有受到什么处罚。但另一

---

35 Serm. Deut. 24: 1-4. See also Serm. Deut. 21:15-17.
36 Comm. Mat. 5: 31-32.
37 Consilium, December 30, 1561, in Co, 10: 242-244.
38 Comm. 1 Cor. 7:11; Consilium, December 30, 1561, in CO, 10: 242-244.

方面，他又说："如果一个因犯淫乱而被妻子离婚的男人，或者一个被丈夫离婚的女人，让他们在余生中都不再能够结婚也确实有点苛刻。尤其是那些在性的方面无法自制的人，一次的失控可能会产生连续的反应。"当然，加尔文也反对有罪的一方"马上进入到另一个婚姻之中。再婚的自由应该向后推一段时间，无论是一段有限的时段，还是等到无辜一方结婚之后。"[39]

总之，在我们所考查的加尔文对于离婚及再婚的观点中，没有看到他用两种婚约的观点，或者"上帝眼中的婚约"、"天上的婚约"这样的字来描述婚约，尽管在他看来，婚约是一种盟约。判定婚约是否已经被解除的主要依据是依据自然律制订的社会法律。而在当时摩西时代的以色列，五经就起了这样的作用；在加尔文时代的日内瓦，婚姻法规也有着同样的性质。今天，除了民法之外，我们没有别的法规来判断一种婚姻关系是否还有效。教会属灵秩序中的教会纪律既不应当以两种婚约的理论为其基础，也无权力设立或者解除一个婚约。这是新教将婚约被归在自然—社会秩序的自然结果。

包括加尔文在内，多数宗教改革家在反对婚礼是一种圣礼的过程中都强调，从圣经的角度看，婚姻关系本身不包含上帝的拯救性应许。从这一点再向前推论，即认为婚姻关系对于人的得救来说，不存在直接的关系。如果如墨兰顿那样，把称义与成圣完全分开，那么这一点似乎在理论上还比较容易理解，即认为个人的称义与婚姻没有直接关系，而完全出于上帝的恩典。一个神学问题就是：婚姻关系是否因此与成圣没有直接关系呢？如果与成圣过程没有直接关系，我们如何理解婚约的盟约性质及其属灵意义？

在这个方面，可能除了加尔文之外，尽管多数都承认婚约有属灵的意义，但却很少将其与成圣的过程联系起来。在这个意义上讲，宗教改革家们有些过于侧重于得救赎的个体性。其实，当宗教改革家们反对独身及隐修制度时，就已经表明，人成圣的过程乃是成就在一种人与人的关系之中。现在的问题是：在这种群体关系里的成圣，只涉及到教会这个群体吗？家庭或者婚姻这种群体，就其属于另一个秩序（自然—社会秩序）而言，就与个体的成圣无关吗？显然这还是属于圣俗两元的思想，与宗教改革的整体思路不相吻合。其实应该说，即便家庭婚姻关系属于另一个秩序，在这个意义上它已经独立于教会秩序，但它仍然具有让人在其中得以成圣的意义，就如职业作为一种

---

39 Consilium, in CO. 10: 231.

呼召，对于人在一个更大社会群体中得以成圣具有意义一样。这才符合宗教改革打破圣俗之别的精神。

　　确实，今天很多人的婚姻观念与传统基督教的观念不同，就是说，与宗教改革家的婚姻观也有着很大区别。18 世纪启蒙运动以后形成的婚姻理论是一种爱的理论，即认为爱是婚姻关系中最重要的因素。这种婚姻观对于现代人有着重要的影响，以至于很多人认为一个婚姻得以建立的唯一理由就是双方出现了爱。按照瓦特（Jeffrey Watt），"宗教改革由于对独身制度之优越性的批判而强调了婚姻生活的尊严。但启蒙运动把婚姻向上又高抬的一级，让爱成为选择配偶的最重要的标准。"[40] 只要一个婚姻中不再存在着爱，就已经具备了婚姻解体的必要条件。

　　对于宗教改革家们来说，这显然是一种错误的婚姻观。从基督教的角度来看，单有人之间的爱不能够真正反映出婚约的性质。婚约作为一种盟约，其中当然存在着爱的因素，但仅是这个因素并不会使婚约具有神圣性。正是这种神圣性肯定了婚姻关系的尊严，让当事人在其婚姻生活中成为一个负责任的人，一个有尊严的人。加尔文在其关于创世记的讲章中说："婚姻必须同时关涉到爱与尊严，使男人和女人确实是以这种方式联合。"他认为这种特征的联合是"是神圣的联合，应遍及整个人类"，其中自然存在着爱，就像夏娃是借着亚当的部分被造所显明的那种"彼此相爱的关系"。[41]

---

40 Jeffrey R. Watt, *The Making of Modern Marriage: Matrimonial Control and the Rise of Sentiment in Neuchâtel, 1550-1800*, Ithaca: Cornall University Press, 1992, p.269-270.
41 Calvin, Serm. Genesis 2: 18-21, in SC 11/1:125.24-126.8.

第六章　良心与自由

　　在基督教发展的早期，由于保罗书信的影响，良心就已经是基督教中一个重要观念。使徒行传的记载也印证了"无亏的良心"是保罗行事为人的一个重要的准则。不过，直到宗教改革时期，改教家们才将良心问题再次地纳入到他们的神学思考之中，从而使保罗书信中的良心观念成为他们建构改教神学的一个重要主题。对于良心观念的反思也特别反映在加尔文的神学思想中。在他的《基督教要义》中，他就曾多次直接地论述到良心的问题。因此，梳理和研究加尔文的良心观念，是我们理解和研究改教家之神学思想、以及随后改革宗及清教神学家们的良心自由观念的重要维度。

一、良心的定义

　　在加尔文的《基督教要义》中，有两处明确地给出了良心的定义。这两处出处分别是：三卷 19 章 15-16 节；四卷 10 章 3-4 节。这两处的定义基本上相同，我们可以看其中的一处定义："当人们对神的审判有意识，就如证人在他们面前做出见证，使得他们在法官的审判台前无法掩饰自己的罪，这意识被称为'良心'。"[1]

　　从加尔文这个定义中可以看到，他认为良心的核心意思是人自己对上帝之审判的意识。这反映出良心的观念从其最初的基本含义上来说主要是"消极性"的自我意识，即主要与人意识到自己将被上帝审判有关。加尔文在这里用了一个比喻，人的良心就如在法庭上出庭作证的证人，这个证人出场是

---

[1] 加尔文，《要义》，III，19，15。

为了见证个人对上帝的悖逆，见证人所犯的罪。这里"消极性"是说，在当事人的日常生活中，良心这个证人经常是隐身在场景之外的；它通常情况下不会出现；而一旦它出现，那么人的麻烦就来了，因为它每次出现都是作为指控自己的见证人而出现的。换另一个比喻来说，良心并非舞台上可以让每个人看到的乐队指挥，而更像是隐身在幕布背后的舞台监督，如果舞台上的表演都是按部就班地进行着，没有出什么问题，舞台上的表演者就不会看到他，但一旦表演者有所跑调，没有按照要求去做，他就可能出现并提出警告。

如果说良心是人对自己的一种意识（因此也被称为良知），[2] 那么这个基本的消极意思表明，在良心所见证的意识中，人对自己的意识首先是负面的。按海德格尔在其《存在与时间》中的描述，通常情况下，此在乃生活中"常人"的样式下，不会听到良知的呼声。良知呼唤乃是借着悄然袭来的畏惧呈现出来。一声呼唤，不期而来，甚至违乎意愿地把个人带到自己最本己的能在面前。然而问题是，"这呼声把此在向最本己的能有罪责的存在唤起"，即把在体带到的是一种充满罪责的本己面前。[3]

加尔文把人的灵魂分为两个主要的功用，即理智与意志。良心作为一种个人对自身的意识，可以看作是属于理智范畴中的一种自我"认识"。因而良心的功用属于灵魂中理智的范围。[4] 不过，我们不要用今天人们所习惯的工具理性的观念来理解加尔文的"理智"范畴。要是用我们今天习惯的话来说，良心与其说与人的理性反思有关，不如说与人内在的灵性直觉有关，因为它让人认识到终末的审判。作为把个人与上帝关联起来的桥梁，良心虽然居于人最为隐秘的内心，但其所关注的却是当事者在现实生活中表现出来的作为。因此，回到加尔文的分类，良心乃是处在理智范畴中实践理性的方面，与当事者在日常生活中所表现出来的作为有着直接的联系，而非只是在人的深思默想中才会出现。如果按照加尔文那个时代的传统观念，意志带动着人的行为，那么良心就是理智中监督着意志的那个因素。就监督这个消极的意义上，良心把人灵魂中的理智与意志联系起来了。按照上述对加尔文良心观念的分析，在良心还没有得着救赎因而苏醒过来之前，良心对意志的引导作用只是负面的监督作用。

2　在本书的论题中，暂不区别良心与良知这两个字。

3　海德格尔，《存在与时间》，陈嘉映等译，三联书店，1987年，345页。

4　加尔文认为良心与认知相关，而非意志（Comm.Rom.2:15）；参 Hesselink, Calvin's Concept of the Law, p.74-76.

在这个基础上，加尔文还说："自然律（良心）的目的是叫人无可推诿。自然律极好的定义是：良心对是非的判断，这判断充分到人无法以无知为借口，在神面前由他们自己的见证定他们的罪。"[5] 这里加尔文认为，亚当在堕落之后，在人的本性里仍然保留了某种的光亮，这就是宗教的种子播种于所有人的心里：关于善与恶的区分是雕刻于人的良心之中的。[6] 在加尔文看来，没有人能逃脱良心谴责的处境。良心存在的目的在于让人不再以无知为借口，而是对自己的罪性无可推诿。良心让人在日常世俗生活中知道区分善行与恶行，在功能上与宗教改革家们常说的律法的第二作用很接近，即通过世俗法律引导人们趋善避恶。只是这种作用还是在处在法律的强迫之下，其自身并不一定有足够的力量指引人过一个善的生活。多数情况下，它表现为在人失败后，人良心中这种不完全的知识，让人无法使自己从这种失败中完全脱离干系。因此在这一点上，良心原则作为人内在的律法，因为其模糊性，需要与外在的法律或神圣的律法相关联而产生其功用。

按照加尔文，良心作为人心里内在的自然法，其原则基本上与十诫相同。如果说摩西律法中的十诫是成文的道德律的话，那么人心中内在的自然法则属于不成文的道德律。人内在的自然法没有足够的能力去克服人心中的骄傲和自爱，所以无法正确地看待并省察自己，谦卑地承认自己悲惨的光景。于是上帝就给人们书面的律法，为了更清楚地见证自然律这种较模糊的启示，并除去人性中的惰性，使人们印象深刻。[7] 因此在加尔文看来，良心只是人心中一个区分善恶并自我谴责的机制，它只对人心认识自己产生作用，与人得到救恩毫无作用。

其实，今天人们说良心在人日常生活中的作用时，基本上还是就良心的某种替代形式，即作为时代主流价值观的良知来发挥作用。对于这种伦理学层面的良知来说，它的标准主要还是当下社会主流的道德观念。这些观念虽然在很多方面接近自然法，但可能只对当下道德或法律意义上的罪行有一定知觉，而不一定对圣经意义上的"罪"有所知觉。加尔文及其他宗教改革家们所理解的自然法或良心的功用首先都是在宗教层面上，在这一点上，他们基本上都继承了保罗的思想。保罗在其罗马书 2 章中所说的"是非之心"，明

<hr/>

5　加尔文，《要义》II，2，22。

6　Calvin, Comm.John 1:5(CO 47,6)，参 Hesselink, *Calvin's Concept of the Law*, p.72.

7　加尔文，《要义》,II,8,1.

确地说其在功用上与律法相似，因此产生的功用与律法相似，即让人意识到自身的罪性。"人心里内在的律法，即我们以上描述为刻在所有人心里的，在某种意义上它的教导与十诫相同。因为我们的良心不容我们沉睡，反而见证我们对神的亏欠。这良心也将是非陈明在我们的面前，在我们不尽本分时责备我们。"[8]

不过在加尔文看来，尽管随着亚当的堕落，人灵性的死亡，良心已经不再敏感，但在某些特殊的时候，还是会有一些消极的活动，让人对自身有某种"罪"的知觉。这些特殊的时候，就如海德格尔所说，当人处在极度的焦虑（畏）之中，良心的呼声会不期而遇。这里畏不是针对着当事人任何具体的作为或事情，不是就某个作为是否符合道德或法律要求而言的，而是将人的整个生存的虚无性显明出来；由此显出人生存的罪责性来。良知的呼声在畏中违乎意愿地不期而来，类似于加尔文在这里所说的，让人对于自己的"罪"无可推诿。

这种罪责的显明，是就人的整个生存而言的，而不是就某个作为是否符合道德或法律要求而言的。这时显明的良心，更接近于《罗马书》中保罗所说的上帝的审判，让人对于自己的"罪"无可推诿。如加尔文所说："既然教导外邦人在律法审判之外灭亡听来不公正，保罗立刻接着说，他们的良心取代神的律法，这就足以定他们的罪。所以，自然律（良心）的目的是叫人无可推诿。自然律极好的定义是：良心对是非的判断，这判断充分到人无法以无知为借口，在神面前由他们自己的见证定他们的罪。"[9]

这说明良心所见证的上帝的审判有这样一个特点：对于日常生活中道德化了的良知来说，由于它所见证并控告的只是人在当下的某些具体作为，因此人总还可以通过各种的解释，来减轻自己的某些作为可能受到的责备，毕竟这样的理由总还是会找到的。但对于那在某些时刻不期而来的良心的声音，却是人无法控制和逃避、无论用怎样的理由都无法减轻其罪责的指控，因为这罪责不是就某个事情来说的，消解的乃是人生整个生存意义之大厦的根基，带给人们的是对生存的绝望："在人堕落后，目力所及尽是神的咒诅。因人的堕落，这咒诅也殃及一切无辜的受造物，所以人是完全绝望的。即使神用各种方式向人彰显他父亲般的慈爱，人仍无法仅凭观察宇宙推知神就是父。我

8　加尔文，《要义》，II，8，1。
9　加尔文，《要义》，II，2，22。

们的良心反而借我们的罪指控我们：神离弃我们、不认我们为他的儿女完全
是公义的。"[10] 这种活动或许与上帝在这个世上还有普遍启示或普遍恩典的作
为有一定关系。不过，除非上帝专门针对个人的呼召之光照在人的良心中，
否则人对自己个人罪的认识总是与对整个人的罪的认识不能分开。

二、良心的觉醒、平安与释放

上帝神圣的光，如果说是照着人的内心中的话，其实就是照着人的良心
中，在人的良心中工作。这种工作，大致地说，可以有两个方面。

首先，良心让个人认识到自己的罪。过去，即便是听到良知在某些作为
方面的有罪的控告，人通常的作法是乃是将其归在一般的情况之下，以此来
为自己开脱，让自己不至承受太大的压力。在这个方面，人的一般作法就是
把自己隐藏于"常人"之下，或者看到的只是他人的问题，或者即使把自己
也放在其中，也不过是说，都是凡夫俗子，孰能无过？在某种特别的时刻，
良心的呼声袭来，因为伴随着焦虑与不安，个人总是会尽可能地逃避，并不
直接地去面对，因为难以承担其指控带来的生存意义之崩溃。

按照加尔文，人对自身的认识，特别是借着良心的指证对自己罪性的认
识，是人认识上帝的一种途径。如加尔文所说："当良心感受到罪的重担时，
就立刻想到神的审判，并惧怕死亡。同样地，当良心面对众多证据证明自己
无能为力时，就不得不对自己的无力感到绝望，这惧怕和绝望使人谦卑和自
卑。最后……便投靠神的怜悯，使之成为他安全的避难所。"[11]

在加尔文看来，良心所提出的人在上帝面前有罪的控告，其实是人难以
承担的重担。对于日常生活中道德化了的良知来说，如果它所见证并控告的
只是人在当下的某些具体作为，那么人还总可以通过各种的解释，来减轻自
己的某些作为可能受到的责备。但对于那在某些时刻不期而来的良心的声音，
却将人的整个生存无可逃避地置于虚无的背景之下。伴随着焦虑与不安，使
人不再能够从"常人"那里得到解脱，于是良心的指控便成为难以承担的重
担，因为这种指控不是关涉到当事人日常生活的某个行为或某个事情，而是
指向个人整个的生存，虚无消解的乃是人生整个生存意义之大厦的根基，有
可能带来个人生存意义的崩溃，带给人们的是对生存的绝望。

---

10 加尔文，《要义》，II，6，1。
11 加尔文，《要义》，II，8，3。

不过，正如在海德格尔那里，畏既带给人难以承受的焦虑，但它同时也给人提供了达到本己能在的可能；同样在加尔文看来，在良心能够达到这种认识的时刻，神圣的光照把上帝的怜悯放在这个人的里面，不只是让他停留在对自己感到绝望，而是在认识到自身罪性的同时，愿意投靠在上帝的怜悯之下，那么人良心的这种认识就可能将人带向上帝的救赎。

而这种救赎的结果就是，当人良心的指控被撤去的时候，它带给人以平安。而良心的指控之所以能够被撤去，按照加尔文所继承的基督教传统的理解，乃是因为这种指控所要承担的罪责，本是当事者要用死亡才能偿付的，现在已经被耶稣所流的血所替代了。当人愿意接受这种恩典的时候，"我们心中天良（良心）的亏欠已经洒去，身体用清水洗净了，就当存着诚心，和充足的信心，来到神面前。"[12] 就是说，良心中的亏欠既然被洗去了，它就不再控告了，就可以让人坦然地来到上帝的面前，恢复与终极实在的关系。

因此，第二个方面，按照当时宗教改革家因信而称义的看法，如果这是一种确信，就使得人的良心得以安稳，带给他们平安："保罗在另一处所称为'平安'的确信（罗5：1），虽然保罗的意思可能是这确信带给人平安。这样的确信使人的良心在神的审判台前安稳，因为没有这确信，人的良心必定惊慌，且几乎崩溃，或暂时因忘记神和自己而沉睡。"[13] 不过，加尔文进一步说，如果不是从外面来的确据，仅凭人自己行为所做的善功，是无法让人的良心平安下来的："'谁能说，我洁净了我的心，我脱净了我的罪？'（箴20：9）的确，没有任何人不是曾经陷入无限的污秽中！即便是最完全的人，只要他聆听自己的良心并鉴察自己的行为，结果会是如何呢？难道他会完全安心，就如他与神完全和睦，而不是良心受折磨？因为若他的行为受审，他的良心也必定他自己的罪。良心若面对神，必然或在神的审判台前拥有确实的平安，或被地狱的恐怖所包围。"[14]

因此，在加尔文看来，人靠自己行为的完全来达到良心的平安是没有可能的。这一点与良心所指控不只是人们的行为，而是从罪责角度意识到人整个生存的虚无性，即人是有罪性的这一点相对应。如果人的行为需要靠律法或自然法的指引才能行出善功来，那么因信称义的原则就等于说，人靠着律

---

12 来10：22。

13 加尔文，《要义》III，2，16。

14 加尔文，《要义》III，19，2.

法或者道德的行为是难以让自己的良心得着平安的，如加尔文所说："当我们的良心在神面前思虑如何蒙神悦纳，以及当神呼召我们受审时，我们应当如何答复他和在他面前拥有确据，在这件事情上我们不可倚靠律法，而要唯独靠基督称义，因基督远超过任何律法上的义。"[15]

其实，救赎对于人良心带来的影响不限于上述所说的平安，按照宗教改革家们的论述，他们更多谈到的是给人的良心带来的自由与释放。[16]按照加尔文在其《基督教要义》三卷19章的论述，良心得以享受的这种自由与释放有三重的含义。

首先，人的良心得着自由是指它不再受到律法的咒诅与辖制，因为律法借着人的良心所指控的罪责已经被偿付了。人的良心从律法及人的善功之外得着了安慰："信徒的良心在寻求称义的确据时，应当在律法之外寻求，完全弃绝律法上的义。就如我们以上证明过，在律法下无人能称义，或者我们对称义完全绝望，或者我们应当从律法的辖制下得释放，并接受称义与善行无关。"[17]这是加尔文所说良心得着自由的第一重意义，属于一种消极层面的自由，即不再受到某种力量借着规条带来的辖制的自由，接近于后来康德所说的理性的那种消极的自由。[18]良心已经不再遭受律法之咒诅的重压。良心得释放即意味着，律法的咒诅对良心的重压已经被解除了："保罗说律法的咒诅被废去（参见罗7：6），显然不是指律例本身，而是指约束良心的力量。"[19]

其次，加尔文从更积极的意义来说，已经得着释放的良心会"自由地"（甘心乐意地）按照圣经中上帝的教导去生活。不是为了因此会在上帝的面前更显为义，而是做那些事情会让良心因此更加地快乐。用加尔文的话来说："就是人的良心遵守律法，并不是因受律法的约束，而是因从律法的轭下得释放，就甘心乐意地顺服神的旨意。既然一切仍在律法辖制下的人都生活在恐惧中，

15　加尔文,《要义》, III, 19, 2。

16　路德在《基督徒的自由》一文中比较充分地论述了这个主题。《路德文集》, 上海三联书店, 2005年, 389-430页。

17　加尔文,《要义》, III, 19, 2。

18　"在实践的理解中的自由就是任意性对于由感性冲动而来的强迫的独立性"。康德,《纯粹理性批判》, A534, B562。中译本见邓晓芒译, 杨祖陶校, 人民出版社, 2004年。

19　加尔文,《要义》, II, 7, 15。

所以，除非神释放他们，使他们自由，否则他们就不会乐意顺服神。"[20] 这里良心自由的积极意义就体现在，自由意味着人心中得释放的良心有力量去影响意志做之前在不自由的情况下没有力量去做的事情；不是出于被迫，而是出于良心自己的愿望。这种积极的自由接近于康德所说理性之积极的自由。[21] 由于认识与意志之间这种正面关系的建立，使得一个人按照"无亏的良心"在上帝及人的面前来行事为人得以可能。

这里表现出的一个悖论就是，似乎在人的良心中发生了一种难以言说的转向：对于圣经上的基本原则（律法），之前对于人的良心来说，似乎是难以承受的轭；现在却自由地甘心乐意照着去行，并因此显出其积极的引导力量。

第三，针对当时人们对一些非基本教义争论不休的情况，加尔文强调，在人们的日常生活中，确实存在着相对人的良心而言的"中性之事"，对于这些事情来说，人的良心不受其约束，可以自由地选择："在神面前我们没有任何信仰上的限制拦阻我们随意使用它们。而且我们确信这自由对我们而言是必需的，因若不相信这一点，自己的良心就得不到安息，并且迷信会多到无可限量的地步。"[22]

加尔文所阐释的这层意思的重要性就在于：除了上帝及其在圣经中所规定的与救恩相关的律法对良心有约束力外，其他的律法或人所建立的规条对良心并不具有约束力，人的良心可以自由地选择是遵守还是不遵守这些律法或规条。"我在此争辩，在基督释放他们良心的事上，不可压制他们。且除非他们在这些事上有自由的良心，就如我们以上的教导那样，否则他们无法在神里面得安息。"[23]

针对当时还十分流行的禁欲倾向，加尔文举例子说，若有人开始怀疑他是否被允许使用棉花做的床单、衬衫、手巾和餐巾，他之后也会怀疑其他的质料，会开始怀疑餐巾对聚餐是不是必需的，或他是否真需要手帕。若有人认为较昂贵的菜是不被允许的，那他到最后吃黑面包或一般的蔬菜，心里也

---

20 加尔文，《要义》，III，19，4。

21 "（理性的）这种自由我们不能够仅仅消极地只看作是对经验性条件的独立性，（因为那样一来理性能力就会不再是诸现象的一个原因了），而是也可以通过一种自行开始诸事件的一个序列的能力而积极地表明出来。"康德：《純粹理性批判》，A553～554，B581～582。

22 加尔文，《要义》，III，19，7。

23 加尔文，《要义》，IV，10，1。

得不到平安，因他必定会想到他能吃比这更普通的食物。他若犹豫喝好酒，当他喝普通的酒时，他的良心仍会感到不安，最终他连较甘甜洁净的水都不敢喝了。总之，他会到路上的一根稻草都不敢踏的地步。[24]

三、良心对日常生活的引导

相对之前良心处在昏沉的状况，已经得着自由的良心在人的生活中，会发挥着重要的积极作用。在这个方面，加尔文常引用圣经的两句话都是出自保罗。按照新约使徒行传所记，保罗曾说："弟兄们，我在神面前行事为人，都是凭着良心，直到今日。"[25] 良心对人生活的引导所发挥的作用，如果要用一个原则表达出来的话，就是保罗所说另一句话："我因此自己勉励，对神对人，常存无亏的良心。"[26]

从这个原则来看，良心所起的作用基本上还是"消极方面的"，就是说达到的目的就让良心是"无亏的"，即不至于有什么亏欠，而不是完全满足的，好像人们靠着良心的引导就能得到完全的满足一样。当然，能够活出这种"无亏的"生活，某种意义上，良心已经在发挥着积极的引导作用。这在加尔文看来，乃是在良心得着救赎、已经苏醒的情况下才有可能。这时良心会以某种积极的方面把理智与意志联系下来，使人有可能活出一种知行合一的生活。在加尔文所在之宗教的层面上说，良心对意志的影响，不只是单纯意识或知识上影响，同时也表现为是一种荣耀或敬畏上帝的愿望或内在动力。如加尔文所说："无亏的良心是某种对于服事神的活泼的渴慕，且真诚地想过敬虔的生活的努力。"[27] 当然，从基督教的传统来看，这不单是个人良心的工作，也是圣灵借着良心向当事者说话，如保罗所言："我的良心被圣灵感动，给我作见证。"[28]

在按照"无亏的良心"来生活这个方面，加尔文指出了历史上人可能有的两种错误倾向：或者表现为过于严厉的倾向，或者表现为过于放纵的倾向。

首先，对历史上表现出来的第一种倾向来说，那些过于严厉的人，"他们只允许人在基本的需要上使用世物。虽然这的确是属灵的教导，但他们太

---

24 加尔文，《要义》，III，19，7。

25 徒 23：1

26 徒 24:16

27 加尔文，《要义》III，19，16。

28 罗 9：1

过严厉地执行。他们对良心的约束比神真道的约束更严谨，这是非常危险的。"[29] 这个方面的一个典型，就是那些在修道院中以严厉的禁欲方式试图要让自己的良心得着平安的人。当人们为自己规定了比圣经上的律法还要严格的标准，以为这样的善功会让自己的良心得着平安时，在加尔文看来，人们并不能从这些善功中得着上帝给予的确据，反而还可能会给良心重新带来重压。被救赎后的良心既然已经被释放，就不当重新被置于人为规条的束缚之下。

其次，历史上表现出来的另一种倾向就是，"今日也有许多人找借口过度地使用世物，而给放纵肉体铺路。他们理所当然地认为，使用世物的自由不应当被约束，而是应当由每个人的良心决定如何使用。对此我并不以为然。我当然同意人的良心不应当受任何来自律法公式化的约束，然而，既然圣经给我们如何使用世物的一般原则，那我们就应该按照圣经的教导约束自己。"[30] 在这里，加尔文借助圣经，指出了自由的良心在世上使用世物的一般原则就是，要轻看这个世界。所谓的轻看就是虽然也珍惜使用世物，却不对其有所依赖。为了更清楚地解释这一点，他引用的保罗的话就是："置买的，要象无有所得；用世物的，要象不用世物的；因为这世界的样子将要过去了。"[31] 就是说，只有那些不将自己置于世物之下、受其奴役的人，才能更好地享受其良心的自由。

第三，活出"无亏的良心"，不仅涉及到个人与上帝的关系，在上帝面前有自由；同时涉及到个人与他人的关系。按照加尔文，这个方面需要考虑的就是，在那些确属"中性"或"无关紧要"的事情上，为着他人良心不至感到不安的缘故，个人可以自由地放弃自己本可以享受到的良心自由，其实这种放弃也体现了一种自由。在不吃肉的那些人面前，人可以自由放弃吃肉的享受。"在那些可做可不做的事情上，我们则有另一考虑。因当这些事情会绊倒别人时，我们就不应该做，但我们的良心还是自由的。"[32]

---

29 加尔文，《要义》，III，10，1。

30 加尔文，《要义》，III，10，1。

31 林前 7：29-31

32 加尔文，《要义》，IV，10，4。

四、良心在社会生活中的自由

无论是路德还是加尔文都对"基督徒的自由"这个主题有深切的关注。路德不仅写了那篇有广泛影响的以此为标题的论文，同时也专门出版了其著名的《加拉太书注释》，从保罗的因信称义角度对基督徒的自由进行了充分的阐释。而加尔文在其1536年的第一版《基督教要义》里，总计六章的内容中就有一章以"基督徒的自由"为标题，对其进行了专门的论述，从中可见他对此问题的关注。不过，对照路德和加尔文论述这个主题的不同语境，我们会发现他们关注此主题的侧重点有所不同。路德较为注重信徒得着这种自由的内在根源，而加尔文不只是注重到这种根源，同时也关注到这种自由在教会及政治生活中的体现。正是有这样的区别，使加尔文良心自由观在历史上所产生的影响，特别是在社会政治领域中产生的影响，则显得更为悠久与深远。

"基督徒的自由"这一章节，在加尔文出版于1536年的《基督教要义》第一版中就有较为完整的论述。在以后各版本具体内容的修订上，加尔文对其他部分多有较大的修订或增加，但对这一章，却是他少有的几乎未经修改的重要章节，可见对于基督徒的自由的观点，加尔文的看法体现出前后相当的一致性。这让我们看到，越是追溯到他这本著作的早期，我们就能更清楚地看到加尔文写这章的基本关注点之所在。

1536年第一版的《要义》由六章构成，其中第六章的标题是"基督徒的自由、教权与政权"，包含了三个子题目："基督徒的自由"、"教会的权柄"及"论公民政府"。[33]由此可见，这里加尔文对基督徒自由的论述，是特别将其与信徒在教会领域及社会政治领域的生活关联在一起来讨论的，显示出他对良心自由的关注乃有其明确的社会现实生活的维度。1539年版的《要义》由原来的6章扩展到17章的篇幅，增加了学术思想的分量，以及一些神学的主题。在这一版本中，原来1536年版中的第六章变成三章（13、14、15章），分别讨论上述的三个题目，即基督教的自由、教会论、公民政府。在位置上，"基督教的自由"仍然与教会论及政府论紧连在一起。

1559年最终版的《要义》中，"基督徒的自由"出现在第三卷第十九章，接近第三卷的结束。"论公民政府"与1536年版没有多大改变，放在第四卷的最后一章；然而有关教会论的内容却有很大的增加，由1543年版的1章内容增加到现在的12章，统一放在第四卷。在这样一个安排中，我们依然可以

---

33 中译本见王志勇译，《敬虔生活原理》，三联书店，2012年。

看到最初结构的影子：第三卷结尾讨论"基督徒的自由"，与第四卷接下来要讨论的教会论及政府论有着重要关系。不过，把"基督徒的自由"放在第三卷救恩论的结尾，即"论称义"之后、"论祷告"及"预定论"之前来讨论，更显明出良心自由所有的极为深刻的救赎的根源。

基督徒良心自由的一个基本根基在于：唯有基督在十字架上的救赎赐给人良心的自由，就是说，只有上帝自己对人的良心有权威，只有上帝的律法（特别是那些与救恩有关的律法）及与之相关的教义对良心有约束的权威；而更为重要的是，人因为不能够遵守这些律法所当承受的罪责已经被基督在十字架上所偿付了。因此人只要因信而称义，人的良心就已经脱离了上帝律法的咒诅，已经从其中得着了释放。

从这里实际得出这样一个结论：因着基督的恩典，已经被上帝释放的人的良心，没有人可以再将其束缚起来。不仅是因为任何的人或组织没有这样的权柄，即对他人的良心有约束的权力，具体表现在人所制订的任何法律或规条都不能够具有上帝律法的权威或地位；同时也在于，如果任何人或组织这样做的话，就相当于在否定基督已经做成的工作，废除基督在人身上已经成就的恩典。对此，加尔文在《加拉太书释义》中说道："在十字架，基督得着我们的自由；并且借着福音，他把自由的果子赐予我们，成为我们所拥有的。……当人把不义的担子加在我们的肩上，我们也许能肩负它。然而当人尝试奴役我们的良心，我们应当顽强抵抗，至死也在所不惜。因为我们若让人捆绑我们的良心，我们会失去无价之宝；不单如此，我们更会羞辱基督，因为他是为我们带来自由的那位。"[34]加尔文所强调的自由首先是要反对良心的被束缚，保障人之自由主体免于重新被他人或其法规所束缚。人的自由是上帝所赋予的，借着律法之外的恩典，基督徒便不再被束缚于律法咒诅的阴影之下，这是一种被解放的自由。

因此，无论是教会还是政府，还是其他的社会组织，对于个人良心的自由来说，都没有权威。个人良心的自由，完全是基于其与上帝的关系，以此做出其独立的判断。"当全世界被遮盖在最为浓厚、无知的幽暗里，就连在那个时候人仍有这火星般的一点点亮光，即每一个人都知道他的良心比全人类所有的判断更高。"[35]

---

34 Calvin, Comm. Galatians 5:1.

35 加尔文，《要义》，IV，10，5。

但是，在每个人的良心直接在上帝的手中、良心自由直接来自于个人与上帝之个人关系的同时，个人又是生活在多种具体的社会组织之中，比如教会及政府的治理之下，有他人的权威及各种相关的法律或规条制约着人的日常生活。良心的自由与这些机构的权威及法规有什么关系呢？这自由如何在其治理之下体现出来呢？这个问题因为保罗在罗马书中所教导的而更加突出："然而我们未曾解决保罗的话所带给我们的难题。因我们若必须顺服在上有权柄的，不但因为刑罚，也是因为良心（罗 13：5），这看来似乎教导我们的良心也同样伏在统治者的权柄之下。那么，这若是真的，教会的法规也是如此。"³⁶ 要尊重在上掌权的，不只是因为惧怕，同时因为良心的缘故，这是否意味着掌权者颁布的这些法规具有约束个人良心的效力？如果个人与这些人的权威及法规产生了冲突，良心就要因此受到责备吗？这个问题不仅涉及到政府论的问题，同时也关涉到教会论的问题。

首先，加尔文解决这个关系问题的第一原则是：良心自由与社会领域中无论是教会组织还是政府机构的关系是间接关系。前者是属于天上属灵领域，而地上有形教会组织、政府机构及其法规或法律属于地上的领域。其间的间接关系体现在，个人良心是因为其与上帝的关系而与这些领域的组织或法规发生某种关系。

具体说来，个人良心与无论是教会还是政府领域的间接关系体现在，良心首先是由于教会法规或政府法律体现了上帝律法或自然法的一般原则，因为顺服后者的缘故而顺服前者；其次从基督教的传统看，由于执行这些法规或法律的牧者或官员是上帝所设立的职分，因为顺服上帝的权威而顺服上帝所赐给他们的权威。个人良心的这种顺服属于加尔文所说的良心自由的第二种含义，即良心甘心乐意顺服上帝及其命令，因而能够自由地顺服教会与政府的法规，这并不是因为害怕教会法规或政府法律的惩罚。良心自由在这里取得的报偿是从自由地顺服上帝及其命令中得到安慰，而不是从教会或政府那里得着奖赏。这个原则的两层含义，按加尔文自己的表达就是："因为虽然人的良心不在乎别人所颁布的法律，然而我们仍被神一般的吩咐所约束，因他自己吩咐我们当顺服在官员的权柄之下。且保罗在这里的教导就是这个意思：政府的官员既是神所命的，必须受我们的尊荣（罗 13：1）。"³⁷

---

36 加尔文，《要义》，IV，10，5。
37 加尔文，《要义》，IV，10，5。

第二，加尔文解决这个问题还有第二个原则，这个原则与第一原则并不冲突而是相互补充：无论是教会法规还是政府法律，因为它们不属于上帝的律法（特别是与人的救恩有关），也不在相关于救恩之教义的那个层面，而并不具有约束个人良心的权威。但个人之所以仍然从良心自由中会去遵守，乃是与这些法规或法律的一般目的相关，比如，因为遵守这法规所带来对他人的爱，或者遵守这些法律而对公共秩序的维护。如加尔文所说："另外值得我们一提的是（然而这一点建立在上面的教导之上），人的法律，不管是政府的官员还是教会所颁布的，虽然我们必须遵守（我说的是不与圣经相违背的法律），然而这些法律仍不能约束人的良心。因为我们遵守法律的整个责任在乎这些法律的一般目的，却不在乎法律所吩咐我们的具体规条。"[38]

在这个原则的基础上遵守法规或法律的时候，良心所享受的自由乃与前面加尔文所说自由的第三层含义有关，即相对人的灵魂得救来说，无论是教会的法规还是政府的法律，其实都可以视为"中性之事"。个人出于良心去遵从它们，并不是因为它们对良心自由或个人与上帝的关系有决定性影响，而是因为其他方面的原因，比如对他人爱或对公共秩序的维护等。

五、教会领域中的良心自由

在一般人看来，良心与教会都属于灵性的领域，在上帝的掌管之下，因此教会法规应当对人的良心自由具有约束力。这反映在历史上，在教会领域中发生的情况是，教会当权者总会过于强调教会法规的神圣性，似乎对于人的得救来说也是必须的一样。这一点从加尔文对天主教的批判中可以清楚地看到。

在其《基督教要义》中，加尔文有相当的篇幅是在对天主教的错误给予批判。在第四卷在关教会法规对个人良心的束缚方面，加尔文首先指出，除了上帝之外，即便是在上帝的教会中，也没有人能够有这样的权柄。"我在这里的意思是，他们没有权威吩咐教会强制性地遵守他们在神的话语之外所颁布的法规。既然连主的使徒都没有这权威，且主多次亲口否认教会的牧师拥有这权威，因此，我很惊讶有人竟敢在使徒的榜样以及神亲口的禁止之下，企图篡夺这权威，并在今天为这权威辩护！"[39] 为了更清楚地说明，加尔文引用圣经中的经文，再次强调了这一点。"雅各说：'人若批评弟兄，论断弟

---

38 加尔文，《要义》，IV，10，5。
39 加尔文，《要义》，IV，10，6。

兄，就是批评律法，论断律法。你若论断律法，就不是遵行律法，乃是判断人的。设立律法和判断人的，只有一位，就是那能救人也能灭人的。'（雅4：11-12）圣经告诉我们：唯独神自己才拥有这特权，即以他话语的权威和律法统治我们。……因此，我们都应当承认神是我们灵魂独一的统治者，并且唯有神自己才能拯救以及毁灭人的灵魂，就如以赛亚所说的话宣告主同时是我们的统治者、审判官、给我们设律法的以及我们的救主（赛33：22）。"[40]

加尔文把当时天主教对教会法规的看重与新约时期犹太教的律法主义相类比，并举例说明这种情况自天主教发展的早期就已经出现了。这种律法主义的、过于强调人所设立的教会法规的倾向所导致的结果就是，迷信在教会中流行，而上帝借基督所启示和完成的救恩真理被遮盖起来。"天主教的仪式当中显出某种犹太教的律法主义的成分，而天主教的其他一些礼仪则折磨敬虔之人的心。奥古斯丁语埋怨道：基督教会在他的时代也忽略了神的律例。教会充满迷信，甚至在行仪式的时候，若人的赤脚碰到地上，他所受的斥责比酗酒更厉害。他埋怨说，虽然神出于他的怜悯喜悦教会得以自由，教会却被压迫到比犹太人的光景更难以忍受的地步。若这位圣徒活到我们这时代，他会更加抱怨现在的捆绑！因为现在的捆绑至少是那时的十倍，且这时代所强调的繁文缛节比那时代至少严格一百倍。这些不敬虔的法规颁布者，一旦在教会里拥有任何权威，就不断地吩咐和禁止人，直到无以复加的地步。"[41] 对于加尔文来说，他的立场是："我们必须坚决地反对那些以'属灵的律法'为名义的教会法规，它们迫使良心蒙蔽却仿佛这具有为了崇拜上帝的必要性。因为它们不仅推翻了基督为我们赢得的自由，而且掩盖了真宗教和违背了上帝的主权，上帝唯独通过他的话语统治我们的良心。"[42]

在对历史上天主教过于强调教会法规的错误有所批判的同时，加尔文也从积极的角度指出的教会法规所具有的正确的地位。他一方面指出了其必要性以及它所有权柄的来源，另一方面也说明了它也并非人们蒙救恩所必须的："然而在教会遵守这些法规时，她必须特别避免一件事情的发生。这些法规不能被当作蒙救恩必要的事，以此辖制人的良心，我们也不许将这些法规与我们对神的敬拜混为一谈，并将遵守它们视为敬虔的行为。"[43]

---

40 加尔文，《要义》，IV，10，7。

41 加尔文，《要义》，IV，10，13。

42 I. John Hesselink: *Calvin's first Catechism: A Commentary*, p.88.

43 加尔文，《要义》，IV，10，27。

这里，就个人良心自由与教会法规之间的关系，正如我们在上面所概括的，加尔文同时使用了第一原则，即教会法规应当反映出圣经中所给出的一般原则；以及第二原则，遵守教会法规并非为了让人的灵魂得救，而是为了爱的目的。

就第一个原则来说，加尔文首先肯定了教会法规的必要性及权威性，不过这些都是以其是以圣经中的一般原则为基础作为前提。"我应该在这里宣告我唯一所赞同的教会制度是建立在神的权威之上、有圣经根据，因此完全属于神的制度。"[44] 而在这方面，圣经表达的一个最为有力的原则就是保罗在哥林多前书中对教会给出的那个命令，即教会要有规矩及其相应的组织，以便凡事都能按次序行："我们不但不反对任何组织设立有益的法规，我们甚至说，若教会没有任何法规，便会分崩离析，完全变形、散架。此外，教会若不借着一些叫人联合的法规设立某种秩序和礼节，就不能遵守保罗的命令，即'凡事都要规规矩矩地按着次序行'。"[45]

当然这些规则还包括加尔文在其《要义》第四卷教会论中所阐释的教会的职分、纪律、仪式等多个方面。不过，就是包括这些方面，圣经也只是给出了一些一般的原则。在这种情况下，加尔文提醒人们，虽然在原则上教会法规需要与圣经上的一般原则相符合，但就其具体的形式及条款方面，它并不是唯一的，乃是可以根据教会所处的具体社会及文化处境进行调整的："然而既因主不喜悦在教会的纪律和仪式上详细地教导我们怎样行（因主预先知道这完全依靠各时代特殊的情况，因此没有为我们设立某种适合所有时代的形态），我们必须在他所给我们的一般原则之下寻求主的旨意，因为教会在秩序和规矩上的一切需要都要合乎这一般的原则。最后，因他在此没有给我们详细的吩咐，且因这些事对于救恩不是必需的，又为了教会的建造，这些法规应当合乎各时代以及各国的风俗习惯，我们应该为了教会的益处，按时候调整甚至废除传统的法规，并且重新设立新的法规。……关于哪一些法规将伤害或哪一些将造就教会，爱心是最好的评判者，我们若容这爱引领我们，一切都将平安无事。"[46]

这样看来，加尔文在教会领域中，其实更多地是在强调第二个原则，即对于地上的教会来说，其中具体的教会法规基本上可以归为他所说的"中性

---

44 加尔文，《要义》，IV，10，30。

45 加尔文，《要义》，IV，10，27。

46 加尔文，《要义》，IV，10，30。

之事"。个人在良心自由中遵守教会的法规，一方面是出于甘心地顺服圣经中"凡事按着次序行"的教导，另一方面，乃是在维护这个群体公共秩序和平安的基础，更好地照顾到他人的需要。对于这双重的目的，加尔文概括说："我们有一个极好、可靠的方法，能辨别神所喜悦的教会制度和他所不喜悦的制度（神不喜悦的制度使信仰变得模糊，败坏人的良心）。这方法就是当记住制度的目的是双方面的。首先，在信徒圣洁的聚会中，要规规矩矩地按着次序行；其次是人类社会也必须以某种仁道和节制的纽带来联结。因为当人知道某种法律被设立是为了公共和平时，他就不可陷入以人所制造的仪式来敬拜神的迷信中。且当人明白这法律是为了整个社会的缘故而被颁布时，他就不可能相信，对蒙救恩而言，遵守这法律是必需的。……颁布这些法规的目的，是要我们在教会里彼此相爱。"[47] 总之，如果是更为侧重在第二原则方面，那么，良心的自由体现在：虽然是出于良心去遵守，但在不得已的时候，人即使有所违反，人的良心也不必受其捆绑；并且，可以根据不同时代的不同社会或文化处境对这些法规进行调整，而不会影响到教会的核心教义。

相对"中性之事"的自由确实给了个人良心更为宽广的自由，基于此种自由，基督徒可以依据良心积极行事。但必须注意到，自由不是随心所欲，自由不能让其他人跌倒，不能破坏自己对比自己软弱的人的责任，而是必须造就人。[48] 自由必须与爱相连，必要时要限制自己的自由来造就邻人。基督徒的自由以上帝为目标，但其外在的行为实现必须敬虔和爱，良心在面对上帝才是无亏且自由的。因此，基督徒必须在自由当中承担对邻人的爱，属灵的自由因而转变成伦理的诫命。

六、政治领域中的良心自由

如果说在教会领域中，由于良心与教会都属于灵性的领域，因此比较容易发生的事情是将教会法规神圣化，从而导致对个人良心的束缚的话，那么在政治领域中，良心与政府及其法律则明显地分属于两个完全不同的领域，因此导致的问题更多出现在政府维护法律所具有的强制权力上。在这种情况下，个人良心在何种意义上不只是出于惧怕同时也是出于良心来顺服在上掌权者就成了这里良心自由问题的核心。

---

47 加尔文，《要义》，IV，10，28。
48 加尔文，《要义》，III，19，9.

思考政治领域中良心的自由问题时,必须要有两个国度或两种治理的前提,因为良心的自由涉及到其在灵性领域中的自由,而地上世俗的政权对个人良心的自由没有束缚的权力,虽然个人仍有服从地上世俗政府治理的义务。"我们应当先考虑神对人有双重的管理:一是属灵的,在这管理下,人的良心受敬虔和敬畏神的教导;二是政治的管理,这种管理教导人尽他做人和公民的本分。这两种管理通常贴切地被称为'属灵'以及'暂时'的管理。前者的管理在乎人的灵魂,而后者的管理则关切今世之事——不只在乎饮食和衣裳,也同样在乎制定法律,使众人过圣洁、可尊荣和节制的日子。前者在乎人心,而后者只放束人外在的行为。我们可以称前者为属灵的国度,称后者为政治的国度。"[49]

从上面所说的第一原则来看,个人良心之所以顺服世俗法律及执行法律的官员,乃是因为无论是法律还是官员的权威性都是上帝所赐与的,并自然地以这样一个结论为基本前提,即这法律与上帝创世及护理这个世界所普遍有效的自然法或道德律原则相符合,以及官员能够忠心地按照法律的公正性来办事。就是说,良心自由与世俗法律的关系,再细致一点地说,既是由其与在上掌权执行的官员的权威有关,同时也出于所遵行的法律体现了上帝所设立之自然法原则的原因。因此,这里的间接关系体现在,良心对法律及官员的顺服,其实是对上帝及其自然法的顺服,也就是在服从良心自身的法则。"我们所说的'道德律',只不过是以自然律及神雕刻在人里面的良心表现出来的神的律法。因此,我们所讨论的整个公正体系都是在神的律法中已经规定了的。"[50]

由于这样一种间接关系,当官员所做的与他应当的职分(职责)不符合的时候,或者人所制订的法律本身就明显地与自然法及其公正的原则相冲突时,个人从良心中出于对上帝的顺服而来的对官员及其法律的顺服就产生了问题。如果政府官员再以强迫的手段来要求个人良心来服从,那么个人与政府的冲突就有可能出现。

为了更好地理解不同情况下冲突的性质,我们可以根据上节所述加尔文对良心自由所阐释出来的三层含义,大致地理出个人良心在政治领域中相对政权所设立的法律方面所具有的自由。良心的这种自由大致表现出如下的三层含义。

---

49 加尔文,《要义》,III,19,15。

50 加尔文,《要义》,IV,20,16。

第一，在法律的基本原则与法条方面，如果其反映了上帝的自然法，特别是与通过圣经所明确书写出来的道德律相一致的那一类，如圣经上写明不可杀人，人们就不只是要遵守，也要从良心上顺服。这里涉及加尔文所说良心自由的第二层含义，即这里良心的顺服不是因为良心受到世间法律的约束，被迫去服从，而是因为甘心乐意地顺服上帝（要人们顺服官员及其制度）及其律法（明确说明的自然法），因而顺服这类的法律。这里要注意到，这里良心无论是与官员还是法律都是间接关系：体现在良心本不受官员或法律的约束，不在其权下，因为不属这世俗的政治领域；而是直接在上帝的权下，直接与上帝及其律法有关；这里只是因为顺服上帝及其律法，而顺服人及其法律。

对于这类的法律，如果发生与上帝的道德律令或自然原则相冲突的情况，那么良心因为顺服上帝（及其律法的）的原因，其良心自由体现在不受政权及其法律的约束。个人可以按照自己的良心作出顺从道德原则还是不良法律的选择。

第二，在世俗的法律中还有一类，这类法条在圣经中没有明确要求，却对维持公共的安全及公共利益有益，比如缴税，这种情况下，信徒出于顺服上帝的原因，即相信上帝将维护公共安全及公共利益的责任委托给了地方官员，因此在良心自由中顺服政府及其法律。这里涉及到加尔文所说良心自由的第三种含义，即其实这类法律所要求的与良心自由无关，属于相对信仰来说"中性之事"。只是出于对上帝委托官员之责任的顺服，为着公共安全的利益，以及对他人的爱，来顺服此类的法律。遵守是出于对"对方"的益处，如果选择不遵守就甘愿地接受相关处罚，不会因此就导致良心在上帝面前的亏欠或罪。

对于这类的法律，上帝也没有对官员的无限制的全权委托，因此，如果官员以公共安全或公共利益的名义来达到自己的某种目的，那么良心自由可以不受其限制地作出自己的选择。

第三，无论是上述的哪种情况，如果出现了有偏差的情况，或者所制订的法律不再体现公正的原则，或者执行法律的官员不按公正去执行，或者是在利用公共安全和公共利益的名义以达到自己的某种目的，那么个人良心在其自由中可以自行选择，或者选择忍耐，而等候上帝的管教与审判；或者选择不服从，而甘心承担由此而来的后果。从某种意义上，因为不服从而甘心地承担这种不服从的后果，也是顺服上帝在这个领域中所设立之权柄的表现。

总之，以上我们对加尔文良心的观念，其在加尔文所理解之灵魂中的位置，特别是其消极与积极两个方面的功用，以及良心蒙救赎后所享受到的自由都给予了一些概括与阐释。加尔文及其他宗教改革家们对良心问题的讨论，虽然会涉及到伦理的层面，却基本都是在宗教层面上讨论，而没有落在后来更为流行的伦理学层面上。因此，他们对于良心功用的讨论难免会与人的救赎或者终极实在联系起来。或许正是因为这个角度，使他们对良心的消极与积极这两个方面的功用，可以有更深入的阐释，也帮助我们今天在理解良心的功用方面，可以不局限在伦理学的层面。

良心自由虽然是上帝借着基督已经赐与的恩典，但它在个人生活中却不是固有不变的，需要在社会生活中给予维护。就是说，良心自由不是人在内室中就可以自然而然地维持着的，而是要在人的现实生活中，在与各个领域的掌权者及其法规治理下的交道中，通过不断地争取与维护而维持着的。因为在人的社会生活中随时会产生各种危险，使得个人的良心自由有可能被侵害。

一个良心自由的人，他的良心之所以可能被侵害，既有其生活在其中社会环境的因素，比如其所在的诸如教会或政府等机构的治理，也有自身肉体的软弱而来的自欺与逃避。如果良心自由因为这些原因被侵害，而失去其自省的意识功能，那么人的良心就会受到蒙蔽与束缚，从而失去其自由。当一个人失去其良心的自由的时候，那么他就失去良心在生活中的积极功用，相应地他就会失去其作为这个人所应有的其他正当权利与自由。

加尔文在关于个人良心自由方面所捍卫的一个极为重要的原则就是：只有上帝是个人良心的主人，个人良心自由的给予者。这个自由是不能被世上任何的组织或个人所剥夺或约束的。这里其实隐含了所谓领域主权观（sphere sovereignty）的观念。个人良心属于灵性的领域，其中只有上帝及其话语为掌管者。这为个人在这个社会生活中的独立性奠定了一个不能够动摇的基础。而在这个社会中，无论是家庭、教会、国家、企业、大学等领域（机构），都是并列地存在于上帝统摄一切的主权之下，有上帝在其中借助法规及职分所设立的权威。但没有哪个领域或组织能够凌驾于其他的领域之上，因而个人良心与任何一个领域之权柄的关系无一例外地都是间接关系。这种间接关系保证了良心在其中的顺服是良心在其自由中的顺服，并且因此就不是无条件的。

第七章　护理、预定与自由

　　提到加尔文的神学思想，人们马上就会联想到他关于预定论以及护理的观点，以为这些观点构成了他思想的核心，并由此带来对加尔文思想的很多误解，以为他在用一种类似于通常说的命定论那样的观点来巩固他在人思想领域中实施的专制。其实，只要认真研究一下他在这方面的观点，这些误解就会自然地得到解决。英国学者麦格拉思曾提醒我们，不要把预定论看作是加尔文《要义》的核心或者贯穿的逻辑线索。加尔文在这里只用了四章来讨论这个主题，并且是在讨论完人靠白白的恩典称义、以及在基督里得享自由的语境中讨论的。至少在1536年他的《基督教要义》第一版出版的时候，这些名词及主题都没有出现；而第一版已经出现的主题都在以后的版本中得到了更明确的肯定与补充。

一、上帝的护理

　　在《要义》第一卷16章一开始，加尔文就强调上帝的护理工作是他创造工作的不可少的部分，不理解护理，就不能完全地理解上帝的创造："我们若不留意神的护理之工（不管我们看起来是否心里明白、口里承认），我们就仍不能确切地领会：'神是造物主。'"[1] 在这里，加尔文像是已经预知到后来自然神论的发展一样。后来在英国出现的自然神论者就认为，这个世界被造后，就像是被上足了发条的大钟表，可以一直沿着开始的设置运转下去。上帝是这个宇宙初始的创造者，而这个宇宙被创造之后，完全可以按照

1　加尔文，《要义》，I，16，1。

自身被赋予的自然法则自行地运转下去，不再需要上帝的干预。但在加尔文看来，这还等于没有完全认识到上帝是一位创造者。好像这位上帝不过是"一位在瞭望台上无聊、闲懒的神。"[2] 完整的认识包括这位创造者同时是一个护理者，他不但驱使宇宙及其各部分的运转，也扶持、滋润和保护他所创造的一切。

在某种意义上，加尔文提前地批评了后来的自然神论的观点。在《要义》中，加尔文将这种观点称为"普遍护理观"。这种观点认为："神笼统地使整个宇宙及其各部分运转，却没有具体地掌控每一受造物的一举一动。……简言之，他们的谬论是：宇宙、人的事以及人本身，虽然都靠神的大能运作，但不受神的控制。"[3] 用我们今天的语言来表达就是，上帝乃是借自然法则对万物进行普遍的护理，这种护理不涉及到每个具体事物，以至这些具体事物完全可以自己决定自己的事情，其结果只受自然法则或因果律的限定，而不在上帝的掌控之下。这种观点，在加尔文看来，基本上否定了上帝护理的工作。他对这种观点批评的理由是："假如我们承认运转的来源是神，却同时认为所有的事或出于自由意志或出于命运，都是大自然的定律所驱使的，……然而如此以来，神的审判和父亲般的恩惠就茫然无存了。"[4] 在加尔文看来，上帝在其具体到每个事物的护理中显明了他的审判与恩惠。

加尔文所认定的是"特殊护理观"："我也不完全反对他们对有关普遍护理的论述，只要他们承认神统治宇宙，不只是在看顾他所预定的大自然秩序而已，他也借此对每个受造物施行特别的护理。"[5] 加尔文所理解之上帝的护理，既不同于普遍护理，也不只是上帝的预知，而是上帝以自己的作为实际地参与到每个事物的具体运作及其结果之中，"他不但观看，他也干预万事。"[6] 显明万事万物所发生的结果都在他的掌控之中。

当然这也就自然会引发关于命定论的争论，正如在历史上有些人对加尔文的观点所作出的指控那样。其实对于其护理观与命定论的区别，加尔文还是有些清楚的说明。如果我们稍微整理一下，大致会有如下两个方面。

2　加尔文，《要义》，I，16，8。

3　加尔文，《要义》，I，16，4。

4　加尔文，《要义》，I，16，5。

5　加尔文，《要义》，I，16，4。

6　加尔文，《要义》，I，16，4。

　　首先，常说的命定论源自于古希腊斯多葛派思想，其前提是一切事件都由自然的必然性统治，这种必然性是由密切相连的原因和结果之序列关系所构成。在这个意义上，体现这种命定之必然性的力量是非人格的；从意义的层面看是盲目的、没有目的和意义的。"奥古斯丁教导说，若有任何事出于命运，那世界就是盲目的了。"[7] 而与此相反，护理观所言及的是一个有位格之上帝的作为，他的作为都是有意义和目的的："我们并非与斯多葛派一样认为，自然界所发生的一切都是必然的，因它们本来就存在因果关系。我们相信的是，神统治并掌管万象。"[8]

　　这也同时引出第二个方面，即上帝超越于被造世界的因果律及其所体现的必然性。对加尔文来说，这种超越性是由创造者与被造物之间的区别自然表达出来的。因为这种存在论层面上的区别，加尔文有时也会使用终极（本原）原因与次要原因来表达这种区别："基督徒既因深信万事的发生都在神的计划之内，并且没有一件事是偶然的，他就视神为万事的本原起因，虽然他也会留意次要的起因。"[9] 因此，作为具有超越性的上帝，他的作为对被造界来说可能是隐秘的，他的参与高于被造界中具体之因果关系，是万物运行变化的"终极原因"与动力；而被造界中的因果关系就是事物变化的次要原因，因此也是直接原因。

　　在与命定论有所区别之后，上帝的护理与人的责任之间的关系就比较容易说明了。在历史上，一种常见的对加尔文的护理教义的指控就是，如果上帝规定了每一件事，那么人类也就没有必要承担任何的责任了。即便真有什么危险出现，人也不需要作什么提防，相信上帝的护理就好了。针对这个问题，加尔文的解释是："神永恒的预旨并不妨碍我们筹算或安排将来的事，只要我们顺服他的旨意。其原因是显而易见的，因那限定我们生命的神，同时也将我们的生命交托我们自己保护；他也为我们安排极好的能保守这性命的方式；……神不都是直接护理他的世界，反而是经常透过他赐给人的方法。"[10] 就未来的事而论，加尔文在这里清楚地说明，人的筹算与上帝的护理并无冲突。上帝的护理与人的责任其实同时存在，前者时常是通过人的计划与尽

7　加尔文，《要义》，I，16，8。

8　加尔文，《要义》，I，16，8。

9　加尔文，《要义》，I，17，6。

10　加尔文，《要义》，I，17，4。

自己的责任来实现的。如果人们是在对上帝的敬畏中去行事，通过他所提醒的方法去行事，那么他护理的美意就通过人们显明出来。

这种"特殊护理论"在理论上还带来一个问题，这问题在后来的时代也引发了很激烈的争论。如果加尔文坚持上帝的护理涉及到每一样具体的事情上，即便是作为终极的原因，这是否会引出，从永恒预定的角度看，上帝要为罪在这世界中的出现承担责任？加尔文在第一卷的最后一章试图来回答这个问题："神如何借着罪人执行他的计划，而自己又不因他们的罪或任何行为受玷污，还能公义地定他们的罪？"[11] 如果要简单概括加尔文对这个问题的回应，大致在如下两个方面。

首先，加尔文如路德一样，区别了上帝"显明的旨意"和"隐藏的旨意"。前者显明在他明确的话语或命令中，包括"十诫"在内的律法，或者登山宝训中"爱你的仇敌"这类的教导。但上帝的一些隐藏的旨意，并非人们开始就能够理解，可能要等到事情发生一段时间之后，借着某种启示，人才可能明白。就如犹大出卖耶稣，以及彼拉多和犹太人将基督钉十字架，门徒最初无法理解，明显违反上帝在律法中显明的旨意；但从另一个层面来说，却是出于上帝隐藏的旨意。只有在基督复活后向门徒显现，亲自地向他们讲解圣经，并在五旬节赐下圣灵的光照，门徒们才算是明白。在这个意义上，加尔文承认："神的旨意是单一的，也是一致的。但对我们而言，却似乎是多方面的，因我们有限的理解力难以理解，为何他的旨意允许违背他律法的事发生。……当我们不理解他所禁止的事时，我们就应当想到自己有限的理解力，圣经也告诉我们，神住在人无法靠近的光里（提前 6：16），因这光被幽暗笼罩。"[12] 对于罪恶产生的原因，亚当的堕落是显明的直接原因，而那终极层面的因素则属于"隐藏的旨意"，就人的有限理智来说，没有明确的答案。

不过在第二个方面，加尔文解释的要更积极明确一些。这里他区别了上帝的旨意与诫命："虽然神利用恶人成就他隐秘的预旨，但恶人却是无推诿的，因为他们是出于自己的私欲故意违背神的诫命，并不是顺服神。"[13] 这里人要为自己的罪恶承担完全的责任，是因为他们并没有照着上帝的诫命去做，而是有意地违背这诫命，执意出于自己的私欲或者不洁的动机去做出那些的事

---

11 加尔文，《要义》，I，18，1。

12 加尔文，《要义》，I，18，3。

13 加尔文，《要义》，I，18，4。

情。上帝之所以允许这样的事情发生，乃在其隐秘的旨意中要使用这样的事情，或者要对人有所审判，或者要将其转化为对人祝福的事情。"而神只是公义地利用他们的恶行。如此看来，神也借恶人施行他的美意。在大太阳下之尸体恶臭来自哪里呢？大家都知道，这恶味虽是被太阳的热气蒸发出来，却没有人会因此说太阳的热气是臭的。既然罪本身和罪刑都是属于恶人的，那么我们有什么理由认为，神利用这恶行成就他的美意会受到玷污呢？"[14]

　　当然，加尔文强调"特殊护理观"并不是为了要使自己置于这些难以解释的问题或争论之中，而主要是出于牧养的原因。在宗教改革的那个时代，"若说路德是为罪而焦虑，茨温利因为与死神擦肩而过才对福音有很深入的理解，那么加尔文则徘徊于存在的混乱与无意义中。"[15] 其实生活在现代的人同样有很强的"被抛感"。现代人所谓生活的提高主要体现在物品的快速升级换代上。而物品的升级却并没有让生活变的更简单和方便，而是变得更为复杂和忙碌。这让人的心灵付出了沉重的代价：心灵在毫无着落中无可避免地为越来越多的事情挂虑。这让今天的人活的不仅疲乏，也让抑郁流行起来。"特殊护理观"的意义就在于：只有在上帝那里，人心中的重担才能被卸下："当神的护理光照敬虔之人时，他的心便宽慰，而使他从以前压迫他极重的忧虑和恐惧中得释放，一无挂虑。因他惧怕命运这观念，他便坦然无惧地将自己交托给神。他宽慰的理由是：他确知他在天上的父以他的全能统管万事，以他的权柄和旨意统治万民，以他的智慧掌管宇宙，甚至没有任何事能在他的预定之外发生。他更得安慰的是：他确知神决定亲自保护他，并吩咐天使眷顾他，若非神这宇宙的统治者许可，无论洪水、火灾或刀剑都无法伤害他。"[16]

　　这里加尔文提到了上帝对于"敬虔之人"的特别的保护，可以看作是护理观念的第三层面的含义。加尔文在《驳放任派》一文中，区分了三个层面的护理。第一个层面是上帝一般或普遍的护理，这在自然秩序中显明出来；第二个层面是上帝的"特别护理"，体现在上帝对人类社会中每个具体的人物或事件的参与，并不分信徒（敬虔之人或被拣选者）或非信徒。第三个层面则只与被拣选者有关。[17] 在《要义》中，他也提到了这第三个层面："我所说

14　加尔文，《要义》，I，17，5。
15　麦格拉思，《改教家的神学思想》，185 页。
16　加尔文，《要义》，I，17，11。
17　转自麦格拉思，《改教家的神学思想》，190 页。

的不仅是指全人类，既然神拣选教会当作他的居所，毫无疑问地，神在掌管教会上会以父亲般的慈爱给予特别照顾。"[18] 这里就涉及到下面预定论的讨论。

二、预定论

其实，预定论严格来说是护理理论内的一个应用主题，即将上帝的护理或预定应用在对个人救赎方面。因此从逻辑上讲，加尔文本应该在第一卷讨论上帝的护理时，就紧接着讨论预定论的主题。其实，在他之前、同时期以及之后的一些神学家，比如阿奎那、慈温利、贝扎和柏金斯（William Perkins）都是这样安排的。加尔文在他早期的版本中，也是讲完护理之后就接着讨论预定论。但加尔文在他 1559 年最终版的《要义》中，却将两者分开论述。在第一卷中讨论了护理论之后，则要等到第三卷结尾时才看到他对预定论这个问题的讨论。如果我们相信他是刻意这样安排的，那么这其中有他想要表达的深层含义。

看一下他安排这个主题的语境就会发现，在讨论这个主题前，他用了五章的篇幅论述了基督教生活的特征：操练舍己、背负十架、默想永世（三卷 6 到 10 章）；接着他又讨论了称义与恩典的主题（三卷 11 到 18 章），然后又讨论了"基督徒的自由"（三卷 19 章）。在这种语境之下去看本卷 21 到 24 章所讨论的预定的主题，是否会让人感到其中有些"逻辑上"的矛盾？如果基督徒每天要如此殷勤地通过操练舍己、背负十架、默想永世来让自己在生命及善行上日日更新，那么这些信徒已被上帝所预定的意义在哪里呢？反之，如果人们真的相信自己是所预定和拣选的，人又是在什么意义上享受到他被给与的自由呢？其实这更像是现代人思考问题的逻辑。

其实，加尔文把预定论的主题安排在这个位置，与其说对这教义的讨论在这里彰显的是上帝的主权，不如说更彰显的是上帝的怜悯与恩典。有些人对预定论的初步印象好像是它主要是为了突出上帝对一些人的遗弃，但加尔文在《要义》中将其放在第三卷关于"称义与恩典"的论述之后，特别是为了表明此教义的要点在于：预定或拣选显明了上帝的恩典。"除非我们先了解神永恒的拣选，否则我们无法像我们应当确信那般，确信我们的救恩是出于神白白的怜悯，神的拣选以这对比阐明了他的恩典：神并没有将救恩的盼望

---

18 加尔文，《要义》，I，17，6。

赐给所有的人，而是只赐给一些人，不赐给其他人。"[19] 突出这一点正是为了回应宗教改革的一个基本精神：人的得救取决于上帝无条件的恩典，而与人的任何行为与品质没有关系。路德是以"因信称义"表明人的得救完全是靠恩典，而加尔文则是以预定论来表明这个精神。

加尔文对预定论给出了如下的定义："我们称预定论为神自己决定各人一生将如何的永恒预旨，因神不是以同样的目的创造万人，他预定一些人得永生，且预定其他的人永远灭亡。因此，既然每一个人都是为了这两种目的其中之一被创造，所以我们说他被预定得生命或受死。"[20] 在这个说明中，表达出加尔文预定论教义的三个特点：绝对、特殊和双重。绝对是指上帝对个人一生的预定仅仅取决于上帝自己在永恒中的意志，而与任何个人或者世间发生的事件无关。特殊的预定论是指上帝的预定是针对着每一个人的，而不是针对群体的。每个人或者是这个结局，或者是另一个结局，这对每个人来说都是唯一且确定的。第三，双重预定论是指，不仅一些人得着永生是上帝预定的，其他的人受到永刑也是上帝预定的。前者是为了让上帝的慈爱得着称赞，后者是为了让他的公义得着称赞。

最初听到预定论的人，受现代理性主义世界观的影响，会下意识地提出这样的问题："为什么上帝要预定一些人得救赎，其余的人遭遗弃？上帝的慈爱表现在哪里？"著名的英国思想家弥尔顿对预定论曾有这样一句抱怨："哪怕因此会把我放逐地狱，但这样一个上帝我无法敬重。"[21] 按加尔文的看法，人们对预定论的一些疑问或判断，都不是从圣经中来的，而是从自身思想的好奇或世上流行的观念中来的。人们会从一种抽象的公平观念去质疑上帝为什么在人出生前就事先预定了他们的结局；这时人们表现的好像比上帝还要爱人类；不管自己是否能够爱周围的人，却对自己所认为的拣选的"不公平"表现出强烈的愤慨，好像自己更像是人类的主人。其实加尔文将预定论的主题放在这里讨论，正是想要防止人们站在一个抽象的"中性立场"上去提出有关预定论的问题。因为一旦当人们在抽象的"中性立场"上提出"为什么一些人是这样，另一些人是那样"的问题时，这个提问的立场已经让人站在

---

19 加尔文，《要义》，III，21，1。

20 加尔文，《要义》，III，21，5。

21 转引自，马克斯·韦伯，《新教伦理与资本主义精神》，北京：三联书店，1987年，76页。

了这两群人之外的上帝的位置上。而人实际能够站立的位置只能是这两群人中的某一个。如果人坚持要站在这之外的立场上提出问题，那么加尔文说，预定论的教义其实是让人敬畏的上帝的奥秘。这奥秘是不被人的理性所理解或者评断："我们应当牢记这真理：任何在神真道之外寻求关于预定论的知识都是荒谬的，就如人决定在荒废、无路之地漂流（参阅伯 12：24），或确信自己在黑暗中能够看见一样荒谬。"[22]

对加尔文来说，预定论的教义只对信仰者有意义。对于一个已经经历了称义以及在基督里自由的人来说，有关预定论的问题就是："为什么这么大的恩典临到了我？我做了什么呢？"如果一个人站在这个位置提出预定论的问题，那么预定论的教义带来如下两个层面的意义。首先，因为充分认识到得着救赎的恩典是因为上帝的预定与拣选，而更加地将感恩归给上帝，让自己在这得救的身份与自由的经历中更加自我谦卑。"因除此教义外，没有任何事物能使我们谦卑，或让我们深深地感受到我们有多亏欠神。"其次，在同一段文字中，加尔文进一步强调："并且就如基督所教导的那般，这也是得救确据的唯一根基：基督应许我们父神所交托他看管的每一位必定安全（约 10：28-29），是要我们在许多的危险、陷阱和威胁我们性命的争战中不至惧怕，并使我们至终得胜。"[23] 就是说，预定论将人得救的确据放在了上帝预定与拣选的根基上，这给信徒带来确定或确信，这拯救既然不是基于人们自己，而是出于上帝的预定与拣选，那么这恩典就会保守人们到永远。

当然，即便是对于一些信仰者来说，预定论带来的问题也可能是："我是否是神所拣选的？"如果人们还没有得着信心的确据，或者人们只专注于对自己的反省，想在人生经验或生活预期的应验中寻找根据，那么信心及良心必在起伏不定中承受极大的痛苦。对于这个挑战，加尔文给出的出路是："但神若在基督里拣选了我们，我们就不可能在自己身上获得对拣选的确据，……唯独基督是那能使我们毫不自欺且看见自己是否蒙拣选的明镜。因父神在永恒中预定成为自己子民的人被嫁接在基督身上，好让神将基督一切的肢体视为自己的儿女，我们若与基督有交通，就有充分的证据证明自己的名字被写在生命册上（参阅启 21：27）。"[24] 人们的眼睛只能定

---

22 加尔文，《要义》，III，21，2。

23 加尔文，《要义》，III，21，1。

24 加尔文，《要义》，III，24，5。

睛在自己得以被拣选的基督身上，让自己的信心紧紧地抓住上帝在基督里显明的应许，与他有生命中的交流，这些疑惑就会一扫而空，人们的心才能得到安慰及确据。

三、预定与自由

　　为什么加尔文在讨论完"基督徒的自由"这章后，会随之讨论神的预定？从章节安排的脉络上看，当个人享受到良心的自由的时候，这自由与上帝的预定有什么关系呢？其实，加尔文将两个主题放在一起来，从上面的分析中，多少可以让人看到这样的关系：当人在生命的自由中对救赎的恩典有认识时，才有可能理解和体会到上帝的预定与拣选。而反过来，人们所享受的自由又是建立在对上帝的预定的确据上面。在这种相互的关联中，或许他想要表达的是：人们在世上效法基督、过一个日日更新的生活正是出于在自由中对上帝的渴慕；而人在这种自由中对上帝恩典的回应，正反映了盟约的两方面含义。这与上面我们讨论上帝的护理与人的责任之间的关系是相对应的。不过在这里，人的责任主要通过加尔文所说的呼召表达出来。

　　加尔文的预定论思想尽管不是他《要义》的核心，但这个思想确实在他那个时代产生了重要的影响。这个教义不仅在教会内使奥古斯丁所强调的恩典的观念重新成为主流传统，也在很大程度上影响了宗教改革后数代人的社会生活。预定论没有给当时的人们，如我们今天所想象的，带来那种消极的命定论的生活态度，反倒在历史上促成了一种积极的行动的动力。这个方面对现代西方社会的影响特别表现在经济领域。马克斯·韦伯在其具有长久影响的《新教伦理与资本主义精神》一书中，有让人印象深刻的探讨。其实所谓的韦伯命题就是要解释：何以 17 世纪早期欧洲的经济精英们都是加尔文主义者。他的基本结论是，加尔文对教义的阐释以一种信仰的方式为人们提供了一种心理动力，这构成了现代资本主义得以产生的一个基本前提：资本主义精神。[25] 按照韦伯，这种信仰阐释包括了二个方面：预定论及"呼召"的观念。这两个方面在加尔文的《要义》中都有清楚的阐明。

　　预定论表现出的基本精神是，信徒不是因其行为得救，但其行为却可以成为他们已经得救的结果或印证，可以用来回答"我是否是被神拣选的？"这个基本问题。其中所涉及到的基本逻辑是：承受了恩典而得救重生的人应

25 马克斯·韦伯，《新教伦理与资本主义精神》，第二章。

当有生命的记号，这记号通过可见的行为表现出来，我表现出了这些记号，因此我是被拣选的。当然在经济领域，这种生命的见证不主要在于一个人比他人更能挣钱，而在于他在比他人挣了更多的钱后还能够过一个比他人更为节俭的生活，还能够为了社会的公益事业捐献比他人更多的钱。不是前面而是后面的"更加"更能够反映出一个人生命的记号。

不过，即便是以这种方式讲到预定论带给后来人的心理动力，如果没有联系到加尔文呼召的观念，也还没有把预定论与人的自由的关系完全表达出来。在"基督徒的生活"部分，加尔文对上帝呼召人的意义有如下的描述："为了避免因自己的愚昧和轻率使一切变得混乱，神安排每一个人在自己的岗位上有所当尽的本分，也为了避免任何人越过自己所当尽的本分，神称这些不同的生活方式为'呼召'。因此，每一个人都有神所吩咐他的生活方式。这生活方式是某种哨岗，免得人一生盲无目的地度日。……总之，你若接受神对你的呼召，你的生命就最有次序。而且，这样也没有人会轻率地越过神对他的呼召。如此，地位低的人会在自己的岗位上毫无怨言，免得离开神所呼召他的岗位。"[26] 实际上，人能够在社会生活的众多岗位中明白其中的某一个是上帝对他的呼召，并且甘心情愿地委身在这岗位中毫无怨言，有一个重要的基础，即他相信自己是上帝所预定和拣选的人。在这个意义上，工作不再是一种命定，一种养家糊口的手段。因为人已经相信自己在救赎上得到了上帝的恩典，人就甘心地将自己所从事的工作与服侍上帝关联起来。由此，预定论的教义对于打破宗教改革之前圣俗二分的观念起到了重要的作用。

这样，加尔文就使世俗的工作，甚至包括为人父母这样的职份，都具有了神圣的或宗教的意义：每个人在自己的生活及工作中所做的工作（或事务），首先是为上帝而做，而不是为了老板做；他做这个事务的首要意义是因为这是上帝让他做的事，而不是为了养家糊口或使之成为谋生手段。在宗教改革之前，修士们在修道院中讲"劳动就是祷告"，而现在加尔文则是在世俗的日常生活与工作中突出了"劳动就是祷告"。

---

26 加尔文，《要义》III，10，6。

第八章　教会论思想

一、宗教改革以来教会观的两条线索

当我们今天反思我们的教会观的时候，我们时常需要回到最初宗教改革家的思想中。不过，按照英国神学家麦格拉思的说法，"在许多方面，改教家对教会的观点显示了他们的致命弱点。改教家要面对两个刚好匹敌但在逻辑上不能相符的教会观——他们的天主教和极端派对手的观点。"[1] 按照天主教的教会观：教会是一个可见的、历史上的建制，与使徒教会有着历史上的延续性。但按照当时重洗派的观点，真教会是在天上的教会，地上没有任何类型的教会建制可以被称为是"上帝的教会"。改教家要在这两个矛盾的教会观中找到一个合适的教义，特别是与天主教教会观的区别。因为在当时的处境下，如果认同天主教的教会观，从中被迫脱离出来的新教教会就被定性为是对大公教会的分裂，而不能够被看作是神的教会。改革家们不能不面对这样的问题：分离出来的新教教会在什么意义上是神的教会？

路德从一个全新的角度表达了他对教会本质的看法："现在，你听到或看见有任何地方传扬、相信、承认和实践（上帝的话语），不要怀疑，那里必然就是真正的'圣洁大公教会'，即使他们人数不多。"[2] 路德教会观的中心是上帝话语的宣讲及所带来的人心的顺服。换言之，路德把传统教会观对教会建制及其神职的关注，转到了以上帝之道为中心及其所发挥的功效。重要的不是有了某种至上而下的建制、或者有了被按立的神职才能够被称为教会，而是当其发挥了福音宣讲的功效，才能够被称为是教会。

1　麦格拉思，《宗教改革运动思潮》，190 页。
2　转引，麦格拉思，《宗教改革运动思潮》，195 页。

在麦格拉思看来，路德的这个观点给信徒个人在教会的角色带来了一种全新的理解。只要是宣讲上帝的话语与应许，无论是借着讲道还是圣礼，原则上说是由神职还是过去说的平信徒来实现，其区别本身是不重要的。神职专门地从事某种"职份"不过是教会分工与信徒接纳的结果。这就是"信徒皆祭司"的观念。

当时的重洗派沿着路德的这个方向又向前迈了一点。他们一方面把其对教会的理解与其对上帝之国的理解关联起来，即认为教会是上帝的话语真正被顺服的地方（即被听从、承认和实践的地方），因而教会是一个重生得救之信徒的群体；同时认为在这个群体中，应当实践真正的"人人皆祭司"的观念。例如按照弗兰克的观点，他就认为一种建制性的教会自使徒时期之后已经不复存在了。"有别于所有博士，我认为使徒教会所用的一切外在事物已经被废止了，而且它们没有被修复或再建立，即使它们已经超越它们的认可或呼召，并且试图恢复这些堕落的圣礼。教会将会仍然散布在异教徒之间，直至世界的末了。"[3] 就是说，自使徒时期之后，教会不过是以某种非建制的形态散布于非教徒中，直等到基督的再来。由于是从天上的角度来看，教会就表现为是"真正的归信者"或者重生者构成的群体。教会的建制是不重要的，个人的重生才是重要的。在某种意义上，教会不过是重生之人在其一同等候基督再来这段时间中自发形成的某种"互助性团体"。重生在天上是完全的、是圣灵的工作；相比较而言，松散的团体本身不过是暂时的。

其实，如果是就地上教会来说，强调教会是重生者构成的群体，就是在使徒那个时期，也不完全如此。在保罗写给哥林多教会及加拉太教会的信中，虽然保罗指责他们背离了福音，但他仍然称他们为基督教会。但重洗派的这种松散的"无建制"的教会观却在历史上流传下来，特别借着德国敬虔派传统而得到某些宗派的认可，并在十九世纪的弟兄会的神学思想中得到明显的表现："普里茅斯弟兄会简直是消除了看得见的教会。他们主张，教会主要是以看不见的形式存在世上，它是由所有的真信徒组成。因此，没有必要成立一个组织，还要找人来担当某项职务。圣灵的监管就是治理的权能。"[4] 可以说，这里把圣灵更直接的沟通当作神对信徒生活及其教会生活的主要引导。

3　转引，麦格拉思，《宗教改革运动思潮》，195 页。

4　米拉德·J·艾利克森,蔡万生译，《基督教神学》，中华福音神学院出版社，2002年，355-56 页。

这种教会观无疑对中国最初一批本土自立教会的建立产生过重要的影响。可以论证的一个观点是：这些最初的本土自立教会较多地受到当时的敬虔派及灵恩派神学的影响。历史上一个有意思的现象是：尽管上世纪长老会在中国的宣教工作有相当重要的成果，但改革宗的神学，特别是其教会观，似乎对当时的本土中国教会的建立没有产生特别的影响。

有学者认为，倪柝声的教会观无疑受到了闭关弟兄会思想的影响，"弟兄运动给予倪氏一个理想的教会模式，因为他认为该运动最能归返当初使徒时代的教会生活"。[5] 如果把他的教会观以 1945 年为界分为前后两个阶段的话，那么无论是前期还是后期，他对当时建制教会的批评是一致的。从理想的教会模式上来说，倪柝声在《工作的再思》序言说："我们必须回到当初去。当初的那一个，才是神永远的旨意，才是神永远的道路，才是我们的标准，才是我们的榜样。"[6] 从这个理想的模式来看，现行的教会组织和制度存在着六个主要的错误：1）宗派的名称；2）不同的组织法；3）牧师治会制；4）一人包办信徒的聚会；5）按立；6）教会的世俗化。[7]

在这些错误中，特殊的中间阶层的存在是最大的问题。天主教中的神甫制度，基督新教里的牧师制度，都是一种属灵的特级分子，是圣经所不容许的，也是初期教会所没有的。在他前后期的作品中，他都强烈地批评了牧师制度："牧师是合乎圣经的，但是牧师的制度，——一人治会制，乃是人肉体的发明。"[8] 这种制度似乎带来了两个方面的问题：1）居间阶级，破坏了信徒与神之间直接的往来的关系；2）薪酬制，更危害到事奉的属灵价值。关于前者，他在别处也指出："我们还是维持主日的讲台，效法四围列邦所作的。好像许多地方忍受不了没有主日讲道。……主日的讲台如果有一天需要维持，牧师的制度就仍然需要建立。"[9] 这里倪柝声对主日讲台的维持所持的异议，主要是出于两个原因：1）为了维持地方教会的讲台，使徒就需要留下在一个地方教会长期服侍，而不是去各处开创教会；2）产生了一群被动接受帮助的

5 林荣洪，《属灵神学：倪柝声思想的研究》，香港：宣道出版社，2003 年，196 页。梁家麟，《倪柝声：早年的生平与思想》，香港：巧欣有限公司，2005 年 122 页。
6 倪柝声，《工作的再思》，序言，台北：台湾福音书房，1979 年再版。
7 倪柝声，"问答之八"，《基督徒报》卷 5，转引自，梁家麟，《倪柝声：早年的生平与思想》，145 页。
8 倪柝声，《工作的再思》，114 页。
9 倪柝声，《教会的事务》，台北：台湾福音书房，1978 年第三版，73-74 页。

信徒，忘记了彼此帮助的责任，相对来说，就形成了次等的属灵人，居间层面就出现了。

二、加尔文的教会观

"上帝不会是你的父亲，除非你以教会为你的母亲。"古代教父西普里安的这句名言以非常形象的方式表达了信徒与教会的关系。这句话被一代又一代思考教会论的神学家所重复，也引起人们对教会之存在意义的深入思考。

加尔文在他的《基督教要义》第四卷开始讨论教会问题的第一章第一节，就重复了西普里安的这句话，并给予的进一步的诠释："我要开始讨论教会，因神喜悦将祂一切的儿女们呼召到教会的怀中，不只为了要在他们的婴儿和孩童时期喂养他们，也是要他们受教会母亲般的关怀，直到被引领至成熟的地步，并至终达成信心最后的目标。"[10]并且在第四节中，加尔文更仔细分析了教会作为"母亲"的含义，即教会不只是借着母亲般的引导让上帝的儿女长大成人，还有一个更基本的含义就是，上帝的儿女正是在教会这个母亲的身体中被孕育而生的："'母亲'这个称呼可以使我们认识到有形教会对我们而言有多么重要，因除非这母亲怀我们、生我们、喂我们奶，并关怀和引领我们，直到我们脱去这必死的肉体成为和天使一样（太22：30），否则我们无法进入生命。"[11]

所以由"母亲"这个形象，形象地表明了教会在上帝救赎工作中承担的两个方面的重要作用：让人在教会中得着基督的生命、以及使人在这生命上得以成圣。在这个意义上，西普里安的这句名言在历史上曾经被归纳为："教会之外没有拯救"。不过，这种概括在启蒙运动之后，由于个人主义的流行而产生了很多的争议。确实，如果得救只在于个人与上帝关系的建立，那么产生争议的问题就是：我为什么一定要去教会呢？我自己在家研读圣经不是同样可以和上帝建立关系吗？真的在教会之外，特别是在由许多有问题甚至败坏之人构成的有形教会之外，就没有拯救吗？宗教改革家们，如路德对天主教的批评，不正是打破了教会对于上帝话语的垄断，让个人直接与上帝建立关系吗？其实，这里人们对于宗教改革家产生的误解是：似乎宗教改革家，

10 加尔文，《要义》，IV，1，1。
11 加尔文，《要义》，IV，1，4。

如路德与加尔文，由于只强调个人与上帝建立关系，从而成为后来世俗世界中个人主义流行的思想根源。

反映在教会论的方面，似乎每个人的归信只在于个人与上帝关系的建立，个人在成为信徒之后，教会作为这些已经得救之人的自发聚集，作为信徒成长的一种"互助组织"，以此教会才对信徒有意义。就具体有形教会来说，逻辑上，似乎是得救的信徒个人构成了这种互助性教会群体的前提。但这种理解显然是与宗教改革家们的观念相冲突的。就加尔文所用上述母亲的比喻来说，如果上帝是借着教会这个母亲生出了他的儿女，那么显然，教会群体构成了信徒得以存在的前提。没有母亲怎么会有儿女存在呢？在这个意义上，至少加尔文这里，宗教改革家并非像某些人所误解的那样，总是把个人放在教会群体前面。

对于当时天主教及重洗派的教会观，加尔文在其《要义》中特别强调了有形教会及无形教会的区别："我们在上面已经教导过，圣经在两种意义上用'教会'这词。有时'教会'指的是在神面前的一群人。并且这群人惟独是指神出于自己拣选的恩典所收养的儿女，也就是那些借着圣灵成圣的事工成为基督真肢体的人。这不但包括在世上仍活着的圣徒，也包括一切神在创立世界之前所拣选的人。另一方面，'教会'经常所指的是全世界中那些宣称自己是敬拜独一之神和基督的人。我们借着洗礼被认可拥有对神的信心；借着领圣餐宣告自己与众圣徒在真道上以及在爱上合而为一；我们一同决定遵守神的真道，并一同参与基督所设立的讲道职份。"[12] 对于有形教会中的这一群，加尔文没有强调他们一定是重生得救者。但对教会含义的这种分析并没有成为加尔文对真教会之基本标识的说明。

按照加尔文，真教会的基本标识是："基督的启示帮助我们看见真教会的面貌。我们在哪里看见神的道被纯正地传讲和听从，圣礼根据基督的吩咐被施行，我们就不可怀疑，那正是神的教会（cf. 弗二 20）。因为神的这应许必定应验：'无论在哪里，有两三个人奉我的名聚会，那里就有我在他们中间'（太18：20）。"[13] 这里我们不仅注意到加尔文确认了两个重要的标识：神的道被宣讲、圣礼被正确地实施，而且我们还需要注意到他对这个方面之纯正性的强调："圣道的纯正服侍以及圣礼的纯正施行足以使我们承认某种组织有

---

12 加尔文，《要义》，IV，1，7。
13 加尔文，《要义》，IV，1，9。

资格被称为真教会。这原则基要到即使这组织在这两个标记之外有无数的问题，但只要同时具备这两个标记，我们就不能离开她。"[14]

所以对于加尔文来说，有形教会的基本标识不在于其中是由什么样的人构成；在他看来，其中完全可能有一些不属于无形教会中的挂名信徒。从神的道及其权威的圣礼来标识有形教会，更接近一种以神为中心的教会观。

首先，在宗教改革家看来，教会的两个基本特征或者标志就是，上帝的话语在其中宣讲，并且圣礼被正确地实施。[15] 换言之，有形教会的基本标志是：她是承载上帝救赎应许之信息的福音的管道，因为无论是教会所宣讲的话语还是其所实施的圣礼，其中所传递的信息的核心正是上帝救赎的应许，不过一个是以可被听见的方式，一个是以可被看见的方式。正是由于教会所宣讲的福音信息，抓住的人才有可能得着救恩，因为"这福音本是神的大能，要救一切相信的。"[16]

所以，尽管加尔文是从被预定者的角度去规定无形教会，但他却并没有从得救者这种重生个体的角度去规定有形教会，而是从其作为上帝的救赎与应许之管道的角度去说明她。教会的特征不是一种重生之人的"互助组织"，而是上帝要赐恩给这个世界的管道。在这个意义上，我们才可能更深地理解，教会首先是神的家，"这家就是永生神的教会，真理的柱石与根基。"[17] 说教会是真理的根基，不是说由教会决定或者垄断了什么是上帝的话语，或者哪些是圣经的正典，好像圣经是建立在教会的根基上。其实正相反，教会是建立在圣经或者上帝话语的根基上。说教会是真理的柱石与根基只是说教会是神真理的被托付者与守护者。

或许在没有进一步解释这点之前，问题已经产生了：既然教会和个人一样都是建立在圣经的根基上，借着圣经的启示认识上帝，那么在改教家强调人人可以借着圣经认识上帝的时代，教会相对个人的不同地位在哪里呢？我难道不能够借着自己读圣经而了解上帝救赎的信息吗？我理解文字的智力、使用工具书的能力难道不如教会中那些没有受过多少教育的人吗？对这个问

---

14 加尔文，《要义》，IV，1，12。

15 加尔文，《要义》，IV，1，9。

16 罗1：16。

17 提前3：15。

题，回应的关键在于：圣经文字中的救赎信息需要借着教会"按着正意分解真理的道"[18]宣讲及传递出来，并因此而被人听到。救赎的信息最初是被听到的，而不被读到的。"可见信道是从听道来的，听道是从基督的话来的。"[19]作为上帝话语的被托付者及守护者，只有教会能够借着历史上传承下来的、表现为信经及信条的教会传统，把圣经中所包含的"那纯正话语的规模"宣讲、并一代代地传递下来。教会中的个人只是在这个基础上，在内里有了圣灵的内住之后，才能够在自己的读经中把握圣经的要义。在这个意义上，教会在每个时代都有先于个人的地位。

三、教会建制的世俗化争论

特别是针对重洗派的教会观，加尔文十分强调有形教会的组织秩序性。对于加尔文来说，只有那些不太明白圣经真理的人才会倾向于否定教会的组织秩序性："许多没有受过神学教育的人，当他们听到信徒的良心有可能被人的传统所辖制这邪恶的事，以及在这情况下人对神的敬拜是枉然的时候，许多人倾向于否定一切有形的教会的法规。"[20]这些法规其实在教会中主要指两种形式："因此之后我们一切所接受为圣洁和有益处的教会行政体制都能包括在这两种之下：第一种与教会的仪式或者礼仪有关；第二种则涉及教会的纪律和平安。"[21]

当然，一旦谈到教会的组织秩序，加尔文就不能不面对两个基本问题：1）教会的组织化是否必要？2）在教会的组织化中设立不同职份的分工是否必要？对于这两个问题，加尔文都是十分明确地给予了回答。

首先对于教会组织化的必要性问题，加尔文说："首先我们当考虑这一点。在人的所有社会形态中，显然为了保持公共平安与秩序，某种组织是必须的。事实上，在一切人与人之间的交易上，为了端正、甚至人道本身，我们都有某种正式的程序。这一点在教会也特别应当被看到，因为教会各部分若有良好秩序的治理就能保守合而为一，并且若没有这合一，教会就不是教会了。因此，我们若希望保持教会的平安，我们必须留意保罗的吩咐，即'凡事都

---

18 提后 2：15。

19 罗 10：17。

20 加尔文，《要义》，IV，10，27。

21 加尔文，《要义》，IV，10，29。

要规规距距的按着次序行'（林前 14：40）。然而既因人与人之间的风俗习惯、想法、判决和个性有强烈的差别，除非有指定的法规，否则任何的组织都不够稳固；并且若没有某种确定的形式，他们就无法成就什么。由此可见，我们不但不反对任何的组织所不可少的规章，我们甚至说若教会没有任何的法规，他们自然而然会拆毁、分散和变成残缺。"[22] 我们注意到，加尔文的这个论证有如下几个方面：1）教会需要某种组织的的目的是为了让教会合一、及正常地运行；2）即然有某种组织形态，就需要一些不可少的规章；3）这个论证中，加尔文没有特意地区别教会的组织形态与其他社会的组织形态之间有什么根本的不同。

其次，对于教会内设立不同职份的必要性，加尔文的回应是：不同职份的设立是教会秩序中的一个重要部分，是上帝话语得以在教会中掌权的途径："惟有神自己才配得在教会中作王。所有的权柄和权威都在祂那里，并且这权柄由祂自己的话语所执行。然而，既因神是看不见的（太 26：11），所以祂借着人的服事公开、亲口宣告祂自己的旨意，作为神事工的代表，不过神没有将祂自己的权柄和尊荣归在他们身上，只是喜悦藉人的口做祂自己的工——就如工人用工具做工一样。"[23] 这里我们应当注意到，当加尔文提到神所使用的这些代表（复数）时，是指一群工人或者多个职份而言："当保罗希望显明基督彰显自己的方式时，他就提醒我们神乃是通过人对他的服事。他说主根据他所量给各肢体的恩赐而充满教会每个人（弗 4：7）。因这缘故，'祂所赐的，有使徒，有先知，有传福音的，有牧师和教师'（弗 4：11）。保罗为何不说基督将一位摆在众信徒之上做他的代理人呢？如果他真有这个意思，在此他肯定会指出，而不会在此略而不提。保罗说基督与我们同在。如何同在呢？乃借着他所呼召管理教会之人的事奉。"[24] 不是要有一个组织形式上的元首，而是多个职份的服侍在基督的里面合一。

这些职份的主要区别及各自的责任，加尔文给予了一些说明。对于使徒和先知来说，加尔文认为那是教会初建时期神兴起的职份。现在常设的职份首先有教师与牧师："这两种职份之间的差别是：教师不负责教会纪律、施行圣礼、或警告和劝勉，而只责负解经——叫信徒相信全备、纯正的教义。牧师

---

22 加尔文，《要义》，IV，10，27。

23 加尔文，《要义》，IV，3，1。

24 加尔文，《要义》，IV，6，10。

的职份则包括这所有的职责。"[25] 另外，还有长老与执事。长老的责任是："我想是从百姓中所挑选的长老。他们负责道德上的劝勉以及与监督一起执行教会的纪律。这是对这经文：'治理的，就当殷勤'（罗 12：8）惟一的解释。因此每一个教会从一开始治理者，他们是由敬虔、谨守、圣洁之人中选出来的，同时负责执行惩诫。我们稍后将详细讨论这主题。教会的历史也充分证明这种秩序并非局限于某个时代。"[26] 执事的责任是："照顾穷人是执事的责任。"[27]

第三，加尔文同时谈到了牧师或者长老选立的方式。其中就外在印证的方面，他讲到了教会中的选举："路加教导我们，保罗和巴拿巴藉教会选立长老；他同时也解释选立长老的方式。他说的这方式是各教会的会友投票——'长老在各教会中以举手选立'（徒十四 23）。因此是这两位使徒提名，而全教会以举手的方式宣告自己的选择，这是希腊人选举的方式。照样，罗马的历史学家经常陈述召开大会的主席'选了'新的官员，其实只是因他负责收取并公布会众所投的票而已。"[28] 当然，牧师职份的确立首先在于上帝内在的呼召。不过，对于其所在教会的确认，加尔文在讲到这样选立时，心里并没有我们今天所十分避讳的教会世俗化的顾虑。

确实，一谈到教会的组织化，人们首先有所顾虑的就是：这是否是对教会的一种世俗化？这其中的逻辑就是，按照以往弟兄会的观点，教会的组织化只会妨碍圣灵对信徒的直接引导；按照规章确定的秩序在教会中服事，与按照个人心中的感动在教会中服事肯定是有冲突的。教会与世界上组织机构的本质性区别就是：教会是圣灵在其中引导并作主的群体；而世俗组织是规章制度在其中引导和作主的群体。因此，用规章制度去限制教会就是在限制圣灵的工作，就是对教会的世俗化。

在这个背景下，一个有趣的问题就是，如果加尔文在上面并没有从组织的形态方面去区别教会与其他的世俗组织，那么教会与世俗组织的本质区别在哪里呢？如果改教家们也是从以上帝为中心的那两个标识来规定真教会，那么从教会的两个标识中，神话语的纯正宣讲以及圣礼的正确施行，是如何带出教会的建制性特征的？

---

25 加尔文，《要义》，IV，3，4。

26 加尔文，《要义》，IV，3，8。

27 加尔文，《要义》，IV，3，9。

28 加尔文，《要义》，IV，3，15。

其实，加尔文与重洗派的区别还是容易看到的。从一个方面看，重洗派类型的教会观似乎是在突出圣灵对教会的主导，但实际可能转化为对每个个人当下感受的突出上。而对加尔文来说，教会的基本特征不在其中的人如何感受，不在其是否由重生之人构成。教会不是一群得救之人在其得救后的"互助性团体"，而是上帝在这个世界上显明其救赎应许的管道。在加尔文以上帝为中心的教会观中，教会的建制性被引出来的出口在于：教会的两个具有客观性的特别标识，纯正地宣讲福音、及正确地施行圣礼，是由教会的秩序来保证的，而这种教会秩序又是通过教会的建制体现出来。这样，教会建制就成了教会教义的一部分。对于加尔文来说，教会建制并非路德所认为的、只具有历史偶然的性质，而是由圣经所显明的一些明确的原则决定。当教会在这些原则的基础上形成教会建制时，教会因为其秩序的建立才成为救赎应许的管道，教会因此才可以被看作是"纯正地宣讲"了上帝的话语，以及"正确地施行"了圣礼。

按照正意分解神的道、把神纯正话语的规模宣讲出来，当然与个人的生命经历、甚至当下的感受有着紧密的联系；但加尔文并没有局限在个人的经历上来看这个问题。纯正话语规模的讲解与传递与神的整个教会相关，与教会的秩序及其传统相关；特别是借着教会的传统把神纯正话语的规模一代代地传递下来，才使今天教会工人有可能按照正意宣讲神的道。在这个意义上，圣灵的工作远超过我们所限定的对个人的直接带领。圣灵的工作完全可以借着教会的秩序及其传统体现出来；并且特别在教会秩序得到保证时，圣灵的最重要工作，即真理之圣灵的工作，被充分地显明出来。

因此，如果我们赞成加尔文关于教会建制的观点，即肯定圣灵同样会借着教会秩序来引导教会，那么我们就可以得出这样的结论：使教会群体与世俗组织相区别的不是组织的形式是否不同或相似，而是要看这个组织形式为谁所掌管。使教会从这个世界中分别为圣的不是构成教会的人、不是教会的组织形式，而是教会是否将神的话语及其圣礼突出出来，是否时时尊耶稣基督为大，是否承认那不只在个人感受中掌权、同时也在教会秩序中掌权的圣灵。在这个前提下，教会的组织形式与世俗的组织形式间可以有相比较性及借鉴性。其实理论上也可以证明，现代西方民主体制的建立很大程度上借鉴了宗教改革后教会内民主制的建立。在这个意义上，教会一方面作为一个属灵群体，其主要使命是这个世界中神救赎应许的管道；而另一方面，教会作为一个在世寄居的社会团体，在这个世界中还可以起到如下两个方面的作用：1）提供组织示范、及其共同维护社会秩序的作用；2）更有效地进行社会服务的作用。而不管是作为属灵群体还是社会团体，教会的良好组织形式都发挥着重要的作用。

如果对于今天的家庭教会来说，教会的建造是教会当下的重要任务之一，那么加尔文的教会观无疑可以成为我们思考的重要资源。基于上述的考察，我们可以提出如下可以进一步思想的问题。

首先，神学上一个特别问题是：在教会的本质层面是否就已经包含了某种"秩序"或者"建制"？比如说，就"教会是基督的身体"这个表达来说（如果我们将其理解为是对教会本质的一种表述的话），是否可以理解为：身体是一个有机体，或者如布塞尔称的生命体。如此，这个有机体就是有结构与秩序的。当基督的灵在其中占据支配地位时，这个身体的各个部分才能够正常运转。这里我们注意到，圣灵的工作不只是在各个肢体（部分）中的，更是在整个身体中的，只有在整个身体中运用，这个身体才是有生命的机体。

这就是这个身体中"生命"的特征：圣灵带来的生命，使其成为灵宫。这个生命有机体的直接表征之一：一处痛，其他各肢体都有感受。生命表征之二：每个肢体各处在其所当在位置时，他（她）才会以超水平的恩赐服侍并因此联接其他肢体。生命表征之三，在正常运转的前提下，这个身体才可以把这个头所想要宣讲的上帝的话语与应许向这个世界宣讲出来。个人要与基督这个头相连乃是借着身体的其他部分才可能与头相连。于是这个身体，才代表基督，并因此有在这个世上继续存在的意义。

其次，圣经中究竟是给了我们一些教会治理的基本原则，还是给了我们一种明确的教会治理模式？目前一种流行的看法是："圣经根本没有提供一套完整治理教会的制度和组织结构，而只是提供出一些重要的原则让教会依循与参考。相信这是神的智慧，同时也因初期教会只是雏形的发展，未能够顾及后代教会发展的需要。后代教会因应本身的不同情势和环境，根据圣经原则，作出变通，制定适合其教会处境的独特模式。"[29] 这种看法可以引导到一个似乎积极的结论：无论任何宗派或者教会，以为自己的教会制度是唯一符合圣经的，则未免陷入武断和自高的危险之中。艾利克森在自己的系统

---

29 曾立华，《教会职事的重寻与更新》，香港：建道神学院，1996 年，192 页。

神学中指出了三个主要原则："秩序"；"人人皆祭司"；"圣灵赐不同人不同恩赐"。[30]

或许问题的关键不是持守圣经中某个现成的模式，而是在持守圣经原则的前提下，建造出一种教会秩序（既与规章相关又与肢体生命的磨合相关），使圣经的权威或者上帝的话语能够通过这种秩序更充分地传达出来。

四、教会纪律的执行

提到教会执行教会的纪律，由于受启蒙运动思想的影响，特别是联想到中世纪晚期的教会法庭，人们可能会不由自主地产生一种反感：都这个时代了，还有这样的专制？确实对于生活在启蒙运动之后的今天的人们来说，道德的问题是个人的私事，是当事者自己应当去做的选择和履行的义务；所反映出的是其作为个体的修养与品质境界；其他个人及群体是没有权利涉足其中的。

但今天社会遇到的一个悖论是，许多似乎是人们当作的事情，不仅没有人选择去做，做的人反而成了众人嘲笑的对象。今天，人们自以为许多伦理的原则是非常清楚的，但正是在今天，人们发现连伦理底线都不知道在哪里了。这反映出今天人在自己的生活领域正在遭遇一个严重的道德危机：不是个体是否要选择的问题，而是个体失去了选择的依据。在没有道德底线的情况下，是什么为个人的选择提供了一种规范与力量？

过去，启蒙思想家对这个问题的回答是：普遍的道德原则来自于人的普遍理性。理性对于人之为人的基本重要性决定了建立在其基础上的伦理准则的权威性。道德之所以是一个个人的问题，乃是因为每个人都能够按照普遍理性在人心里形成的普遍原则去作出选择。但上述危机的出现表明，在一个后现代的时期，当普遍理性的观念崩溃之后，道德原则所立于其上的基础何在就成了一个重要问题。于是产生的一个理论问题就是：道德的规范来源于哪里？在后现代的今天，规范的产生是个体的问题还是群体的问题？道德规范的权威性如何产生？

回到宗教改革时期，虽然新教的各宗派基本上都普遍地接受了路德两个国度的理论，把关于婚姻等方面的审裁权利归给了世俗政府，从而取消了中世纪晚期天主教法庭及其正典法的权威，但无论是重洗派还是改革宗都没有

---

30 艾利克森，《基督教神学》卷三，356-58 页。

放弃教会纪律或者教会审议会的观念，只是更加突出了其属灵方面的含义，即教会纪律的惩戒与世俗法律意义上的强制性处罚不同，而只涉及到教会生活所涉及到的灵性或良心的管教方面。

从教会的角度来说，教会纪律的一般性质在于：保持教会的秩序，使各个肢体能够以一个整体正常地运转。这个意义上，教会的纪律就如教会的制度一样（或者是其一部分），发挥着保持教会秩序的作用，因此其性质与教会制度是一样的，都是一种"秩序"的体现。不过，教会制度更侧重体现的是社会群体秩序，教会纪律更多体现的是一种属灵的秩序。从这个角度来看，纪律的执行其最终的结果是为教会的合一，为了教会的整体秩序能够更好地转运。按照加尔文，如果教会纪律的执行带来的是教会秩序的破坏，或者教会的分裂，就如当年多纳徒派或者重洗派所做的那样，那就意味着教会纪律的失败。

重洗派的一个重要信条是施莱特姆信条（Schleitheim Confession, 1527），其中对于违反教会纪律的人一个重要管教方式就是"逐出教会"。目的是为了两个方面：使被逐出之人能够有机会悔改；让其他人引以为诫。这个惩戒的依据来自于对马太福音 18 章 15-20 节的解释："凡是委身于主、按他的诫命生活、受洗进入基督唯一的身体中、称为弟兄姊妹的人，若偶尔堕落，因懈怠而落入错误与罪中，主当施行逐出教会的管教。这种人应当先经过两次私下的劝诫，[不听从的话]，第三次则公开接受管教，就是按照基督的命令逐出教会。"[31]

重洗派另一个重要文件，拉寇教理问答（Racovian Catechism），就教会纪律中规定"逐出教会"的意义问题给出如下五点说明："1、使堕落的教会成员可以得医治，以后再被带回教会的相交之中；2、防止其他成员犯同样的罪；3、消除教会中的丑闻和混乱；4、不让主的话被教外的人瞧不起；5、不让主的荣耀受到亵渎。"[32]。从这里看出，就逐出教会这样的惩戒来说，主导的意义是将违犯纪律者与教会团体隔离开来的立场。具体执行中要求会众尽可能避免与被逐出的人及其家庭有任何接触。因此更多考虑到的是对团体的维护；至于当事者个人是否能够悔改或得医治，基本上是他个人的问题了。

---

31 转引自，麦格拉斯，《基督教神学手册》，台湾：校园书房出版社，1999 年，480 页。

32 麦格拉斯，《基督教神学手册》，481 页。

　　改革宗对教会纪律之意义的看法与重洗派有相同之处。加尔文认为教会纪律的基本目的有三个方面："第一个目的是教会拒绝将一切污秽、过可羞耻之生活的人称为基督徒，因这是污辱神的事，就如祂圣洁的教会（cf. 弗 5：25-26）不过是恶人和受咒诅之人形成的阴谋的团体。既然教会本身是基督的身体（西 1：24），她若被这样污秽、朽烂的肢体所败坏，她的元首基督必定蒙羞。……第二个目的是教会借着施行惩戒就能拦阻善人因常与恶人在一处，就受恶人的败坏，因这是很普遍的事。……第三个目的是惩戒使那些被羞愧而胜的人能因此为自己的罪悔改。用更温和的方式对付他们或许会使他们变得更顽固，但当他们感觉到这杖所带给他们的痛苦时就能醒悟过来。"[33]

　　综合以上，加尔文在这里具体讨论教会纪律的目的的时候，与重洗派相类似，主要涉及到的是当事者不悔改的情况，或者主要在解释"逐出教会"的情况。其实更重要的问题在于，如果当事者醒悟或者悔改过来的情况下，加尔文会有什么怎么样的建议。如果只涉及前一种情况，基本上没有突出律法的积极意义，即他所强调的律法的第三方面的功用。这还只是教会纪律消极方面的内容与意义，还没有触及到我们今天所面对的问题。

　　从加尔文对人及其自然法的论述中可以看到，由于人的罪的存在，人的良知是受到蒙蔽的。在这个意义上，不只是普遍道德的原则不能够清楚地呈现出来，而且就是人知道了准则是什么，个人是否有能力按照这个准则去作出选择也是被质疑的。因此加尔文的人论方面来看，圣经中的律法应当起到了两个方面的作用：1）让人知道基本原则；2）帮助人能够把基本原则落实在自己的生活中。而就后一个方面来说，则涉及到他对律法第三方面功用的论述。[34]

　　在加尔文的表述中，他没有把警诫他人看作是执行教会纪律的重要目的。其实，教会纪律的首要目的是挽回犯罪的信徒。在挽回犯罪信徒的基础上，或是出于这个基本动机上，才可能谈到对基督之名的保护以及对教会群体的保护。保护基督的名以及教会群体不受影响不是以惩罚或者牺牲某个人为代价。就是为了教会群体多数人的利益，也不是将惩罚放在首位的理由。而基督之名所体现出来的基督之爱的精神特别表现在把九十九只放在一边，去寻找走失的那一只的表述中。

---

33 加尔文，《要义》，IV，12，5。
34 参见，孙毅，"论加尔文对律法功用的阐释"，《宗教学研究》，2007 年第 4 期。

　　犯罪者的真心悔改，只有上帝最为清楚。只要犯罪者口中表示愿意悔改，教会牧者就可以奉上帝的名赦免他（她）的罪，教会牧者不需要也不能断言他的悔改是真心还是假意。教会纪律的执行不以当事者的罪是否赦免为前提，也不是为了使他所犯的罪得到赦免，纪律没有这样的功效。赦免只是出自于上帝的恩典，由教会根据基督赐给她的权柄宣告出来就是了。教会纪律执行也不以当事者是否悔改为前提。教会纪律乃是为了帮助当事者悔改（在不愿意悔改的情况下）；或者帮助当事者早日显出与悔改相称的证据出来（在愿意悔改的情况下）。

　　当说一个人"悔改"了，其实可以表达出两种意思：1）当事者自己口中表示他"愿意悔改"；2）信仰群体从当事者的生命及行为中看到他确实"改变"了。如果定义"挽回"为已经"显出悔改的证据"，而因此重新被教会众信徒所接受的话，那么这就是一个过程：一个需要通过纪律的执行、在其他信徒的帮助下、使其显明出悔改证据的过程。所谓"显出悔改的证据"就是表现出可以被会众看到生命上的改变。

　　在这个意义上看教会纪律，那么其侧重就不在最后的惩戒上，而是侧重在其正面教导的真理内容或者圣洁生活的原则方面。教会纪律源自于律法的基本原则。这个意义上，教会纪律的权威性源自于律法的权威性。追问教会纪律在教会生活中的必要性，就是在追问律法在信徒的教会生活中的必要性。或者进一步说，律法在信徒成圣过程中的必要性。从这个角度看，可以理解为什么加尔文一定要强调，律法的更重要意义不在于"让人知罪"这样负面的意义，而在于引导人明白上帝的旨意，并操练自己按照上帝的心意去生活这样的积极意义。

　　从信徒个人的角度来说，教会纪律的这种积极的引导作用是出于信徒甘心乐意地愿意顺服上帝的命令、在一个感恩自由的心态上发挥作用的；而不是信徒赚取神恩典，以为借此可以更加蒙神怜悯的一种方式。对于违犯教会纪律的信徒，纪律的惩戒本身不是为了也不能让他得到上帝的赦免。赦免来自于他在神面前的真心悔改。在真心悔改的基础上，纪律只是并且也因此能够帮助他更加明白神的心意，在其他信徒的帮助下，走上当走的正路，由此显明其真心悔改的证据。

　　自启蒙运动之后，人们倾向于认为，人们可以在宗教之外，比如人的理性或者直觉等方面，为人的伦理道德找到基础，而使得人的伦理生活可以超出宗教的狭隘性，让人类真正享受到现代人的自由。但随着理性或者其他基础的普适性的崩溃，伦理道德因此失支了其基本的公共准则。

道德在日常生活中的落实需要有其信仰的基础成为其活的资源。而这种信仰的基础，从以往历史的角度来看，基本上来自于某种宗教信仰。宗教信仰为日常伦理提供支撑表明，其所倡导的日常道德的实践具有普世性，而不仅仅是与这个宗教有关的某种狭隘的伦理。

在当下某些领域中暴露出来的问题，如有毒奶粉的问题，其实反映出在当下这个所谓的后现代社会，人们失去了基本的公共道德标准，并且问题的关键是：1）人们说出来的时候似乎是一个标准，但做出来的时候就是另外一个标准；2）没有一个基本的权威准则为一个社会提供公共的道德原则。但对于一个群体而言，某种公共的道德准则是维系其存在的基本要素。在这个方面，圣经之权威性基础上形成的基本伦理准则、以及信仰群体对这些基本伦理准则的实践为我们提供了一个有启发的样本。

第九章　政府论思想

　　加尔文思想争议比较多的另一方面集中在他的政治思想与实践方面。在对加尔文这方面的指责中，最为流行的一个观点就是，加尔文在日内瓦建立了一个"神权政体"，一个政教合一的专制体制，而他自己则是这个神权专制政体中冷酷无情的独裁者。好像他一个人总揽了日内瓦城邦的政教大权，似乎可以对任何人颐指气使。因此我们这里可以提出这样的问题：日内瓦在什么意义上是一个神权政体？加尔文真的主张政权与教权的合一吗？

一、政治思想形成背景

　　如果要说加尔文时期的日内瓦有些神权政体的痕迹的话，恐怕是指加尔文 1541 年再次回到日内瓦后，为日内瓦教会制定了《宪章》。这个教会的《宪章》在得到日内瓦城邦的大小议会通过后，被适用于每个市民的身上，因此也自然成为日内瓦城邦世俗法律的《宪法》。这种情况是由于当时的这样一个特殊处境：日内瓦城邦的每一个市民都同时是日内瓦教会的信徒。因为每一个人都同时是信徒，所以每一个日内瓦人都确实需要遵守这个被城邦议会所通过的教会《宪章》。只是在启蒙运动之后，特别是去教会的人越来越成为少数人群的时候，这带来世俗法律与教会法规的日益分离。

　　而除此之外，在治理的机构上，如果说在宗教改革的初期，有一个共同的机构在同时治理着日内瓦城邦以及城邦的教会的话，那么这个机构就是 25 人小议会。它在某种程度上代替了以往主教的权力，同时管理着世俗政府及教会事务。不过这个机构在加尔文来日内瓦之前已经存在了。在这个机构中，只有难民或居民身份的加尔文不可能在其中占据什么的位置。加尔文只是教会牧师团中的一位牧师，以及在后来为了执行教会的规章及纪律所成立的、由牧师及长老构成的审议会中占据着一个位置。在牧师团和审议会这两个机构中，前者主要负责教会中的教导及牧养，后者主要负责审查教会规章及纪律执行的情况。它们都没有进入到治理城邦的三层议会的权力范围。[1]

由于当时的历史传统，城邦的议会管理机构则具有一些重要的涉及教会事务的权力。例如，教会的《宪章》需要经过大小议会的批准，由小议会决定教会每年要有多少次圣餐等。加尔文推动改革的一个重要措施就是成立了教会审议会。如上所说，这个机构的主要责任就是监督信徒是否有违背教会宪章和纪律的事件。在初期的动作中，如审议会这个名子所表达的，他们只负责将违反条例的人召来询问，在此基础上提出处理意见。如果涉及到停止这个人圣餐或逐出教会这类的决定的话，需要上报小议会批准；并且由这个小议会来决定是否取消已经对某个人施行的处罚。加尔文终其一生所争取的是这个审议会应该拥有停止某人圣餐的权力。在加尔文看来，当这个审议会将停止圣餐作为其维护教会条例的手段时，这个权力应该是属于教会的权力，这个事务应该是属于教会内部的事务。然而，这个被人称为独裁者的加尔文，直到他快到离开这个世界时，才从小议会那里得到这个权力。

其实，就是在加尔文所生活的这样一个生存的处境，特别是日内瓦这样一种城邦性的建制，使加尔文的思想中有一种强调政教分离的观念。这种政教分离的观念在加尔文的著作中有着明显的体现，特别是在他的《基督教要义》中。换言之，关于加尔文对于政教关系的立场，一方面我们可以通过他在日内瓦的实践活动来了解，一方面我们也可以通过考察他的著作，尤其是系统地传达了他的神学思想的《基督教要义》一书，而得到更为清楚的说明。

其实，《基督教要义》一书的写作，就是在一个十分复杂的、具有明显政治因素的处境中写作的。加尔文在本书献给法王法兰西斯一世的前言中，清楚地表达了他写作此书的目的。一方面，在法国的宗教改革受到法国王权及天主教教权这两方面迫害的情况下，加尔文试图向法国国王说明他们的信仰，为新教的宗教改革进行辩护。另一方面，他也在试图将自己所参与的宗教改革与反政府（或者与政府脱离关系）的极端改革派（再洗礼派）分开。换言之，他在这本书中表现出这样一个总体的倾向：一方面，向掌管着世俗政权

---

1 当时日内瓦分25人小议会、60人中议会、200人大议会，按照不同的授权与责任来管理城市世俗事务。所有成员必须是日内瓦城的正式公民。

的君主表明，他们有按照更符合于《圣经》的方式去信仰的自由，而另一方面，与极端改革派不同，他们也尊重王权，教会与政府又存在着一种关系。

就是在这种处境下，加尔文表现出了与其前一代的宗教改革家的区别。在路德进行宗教改革的处境中，虽然在理论上，路德已经强调两个王国的分离，但在实践上，路德更多地是依靠当地封候的支持，以使他在德国的宗教改革得以向前推进。在这种情况下，在面对极端改革派、以及当时反对封候的农民运动时，路德更多地是站在封候的立场上去反对农民。这反映在他在政教关系方面，更多地倾向于教会是在国家治理之下的观念。

加尔文在理论与实践这两个方面似乎更加一致。一方面他接受并发展了两个王国带来的两种治理的思想，相对于路德将教会置于国家治理之下的立场，在实践中主动地探索教会治理相对国家治理的独立性；但另一方面，与极端改革派强调教会与国家之分离的立场不同，他也在理论与实践上阐释了两者之间的相互关系。总之，加尔文在其思想与实践中，既在努力寻求教会的独立性，同时其又将其与王权相互关联起来。

二、两种治理的思想

在加尔文的那个时代，无论是宗教改革前的天主教，还是最初进行宗教改革的路德宗，都没有对政教关系进行较好的划分，或者在理论与实践上有更加一致的说明。在宗教改革之前的日内瓦，天主教在那个地区设立的主教不仅行使着教会内的权力，同时也承担着日内瓦城邦最高行政长官的大权。而在进行了宗教改革的路德宗及英国国教，世俗王权反过来在一定程度上掌握着教会内治理的最高权力。

其实在理论上，路德两个国度的理论已经在试图区别教会与世俗政权之间的关系。不过这个理论在初期似乎主要建立在无形教会与世俗世界的区别上，虽然路德将这两个国度看作是两个人群："这里必须将亚当的子孙和所有人分为两个部分：一部分属于上帝王国，另一部分属于尘世王国。属于上帝王国的人，都是真正信仰基督，在基督统治之下。基督是上帝王国的国王。他来就是为了在尘世建立上帝的王国。基督又称福音为上帝王国的福音，因为福音所宣扬、管理和包含的，即是上帝王国。"[2] 由此，路德将古往今来的整个人类划分为两类：基督徒属于上帝王国，也称为基督

2　WA11，p.249.

王国；非基督徒、假基督徒和异端属于尘世王国，也就是魔鬼撒旦的王国，也称为尘世王国。

这两个王国有着很大的区别，一个是在基督的统治下，另一个则是在撒旦的统治下。1525 年，路德在《论意志的束缚》中说："尘世是撒旦的王国，除了自然的黑暗，我们还有遭受恶灵的黑暗统治。"[3] 而且"基督徒知道尘世上有两个王国……其中一个是撒旦统治。另一个基督统治的王国与撒旦的王国经常战斗。"[4] 路德在《严斥农民的一封公开信》中说："有两个王国，一个是上帝王国，另一个是尘世王国。……上帝王国是恩典和仁慈的王国，而非愤怒和刑罚的王国。那里只有美好、爱心、服侍、善行、和平和友好等。但尘世王国则是愤怒和严厉的，那里只有刑罚、压制、审判定罪、除暴安良。因此，尘世王国需要刀剑……尘世王国是愤怒的上帝针对恶人的仆人，它是地狱和永死的先兆。因此，尘世王国不应仁慈，而要严厉地愤怒地履行它的职责和工作。"[5] 简而言之，上帝之国是平等的、仁慈和恩典的王国；尘世王国是不平等的、刑罚和愤怒的王国。

从两个王国出发，路德接着提出了"两种治理" 理论。1523 年，路德在《论世俗权力及人应该服从的限度》中认为，在对立的两个王国的基础上，"上帝设立了两种治理：一种是属灵治理，它藉着圣灵在基督之下使人成为基督徒和虔敬的人；一种是属世治理，它控制非基督徒和恶人，使他们无论是否愿意，也不得不保持外在的和平"。[6] 那年路德在布道中也说："基督徒只受上帝的话语的治理，根本不需要世俗的治理。但非基督徒必须接受另外的治理，即世俗的刀剑，因为他们不愿意相信上帝的话语。"[7] 路德指出了两种治理不同的目的和范围："因此，这两种治理应该彼此划分清楚，而且并存：一个为了产生虔诚，另一个为了维持外在的和平，防止恶行。二者都不足以单独存在于尘世。因为一个人若没有基督的属灵治理，只有属世治理，在上帝面前就不能称义。基督的治理并不是针对全人类，而是针对混杂在非基督徒中的少数基督徒。在仅有属世的治理或律法的地方，便只有伪善者来统治，即使这是上帝的诫命。一个人若没有圣灵在心里，他也许可以行善，

3　WA18，p.658.

4　WA18，pp.782-783.

5　WA18，p.389.

6　WA11，p.251.

7　WA12，p.330.

但不能称义。在仅有属灵治理的地方，必恶人横行。因为这个尘世不能接受或理解。"[8]

从这些论述来看，路德的"两国论"似乎具有一种二元论的倾向，好像存在着两个分开的国度，而基督只是属灵国度的主，不是属世国度的主，即不太参与属世国度的运行，表现在对属世国度的关心很少。不过，阿尔托依兹也认为，在路德思想发展的后期，"路德两个王国思想的发展，是循序渐进的；路德不再以上帝的国度与撒旦的国度之间的对立作为他的神学基础。"[9]另外，即使路德谈到属灵治理，它也只是涉及到人的心灵。在"基督徒的自由"一文中，路德说：这是一种属灵的自由，使我们的心可以脱离一切罪恶、律法、教条，……这一个自由高于一切外表的自由，有如天高于地。林鸿信认为，这里如果只限于内在属灵的自由，可能会导致对肉身自由的忽略。这种忽略可能会影响到对有形教会这个群体之基本权利的忽略。[10]

加尔文在他的《基督教要义》中明确地表达出世俗权力与教会权力乃是有着明确区别的两种权力的思想。对加尔文来说，人们就是处在这两种权力的治理之中："我们应当先考虑神对人有双重的管理：一种是属灵的，在这管理下，人的良心受敬虔和敬畏神的教导；二是政治的管理，这种管理教导人尽他做人和公民的本分。这两种管理通常贴切地被称为'属灵'以及'暂时'的管理。前者的管理在乎人的灵魂，而后者的管理则关切今世之事——不只在乎饮食和衣裳，也同样在乎制定法律，使众人过圣洁、可尊荣和节制的日子。前者在乎人心，而后者只约束人外在的行为。我们可以称前者为属灵的国度，称后者为政治的国度。"[11]我们注意到，在这段表述中，加尔文虽然最后也用了"两个国度"的术语，但他主要使用的还是"双重治理"。意思即这是同一个国度中的两个相关的治理层面，或者两个治理的秩序。而不是两个并列或可以分隔的国度。这里的属世的或政治的秩序是指这同一个国度中，上帝在世俗领域中的权威建立的秩序。这个秩序源自于上帝在被造界中对万物的护理，同时适用于信仰者与非信仰者。对于非信仰者，他主要地生活在这种秩序之下；另一个属灵的秩序对于他只是隐性的，即在良心功用的层面

8　WA11，p.252

9　Paul Althaus，*The Ethics of Martin Luther*，Fortress Press，1972，p.50.

10　林鸿信，《觉醒中的自由：路德神学精要》，台北禮記出版社，1997年，204页。

11　加尔文，《要义》，III，19，15。

上不自觉地受到影响。对于信仰者，他也同时生活在这两种秩序之下，这两个秩序都是重要的，只是有时有点分不太清。

就其神学的背景来说，路德暗示基督不是世界的主；但加尔文明确主张基督也是世界的主。因此瓦特（Wyatt）有如下的分析：路德认为基督只在统治者个人心中掌权，但加尔文相信基督不只是统治者个人的主，而且也是统治者在其治理职分中的主，不管统治者自己是否认识到，这都是客观的事实。因此要明确的是，如果一个政府以顺服回应基督的命令，它实际上并不是带来了基督的统治，而只是承认了基督已然存在的主权。[12] 在加尔文的《要义》四卷 20 章的 4-6 节中，加尔文不断地暗示出基督是世界的主的观念。同时他在《提摩太前书》的讲道篇中也说过："如果官员正确地履行他们的职分，我们就会看见在他们的行动和源自我们救主耶稣基督的统治秩序之间存在一种极为恰当的合一。"[13] 因此，瓦特认为："加尔文以直接的方式，主张基督是所有权柄的源头，同时包括属灵的和属世的。"[14] 后来的《巴门宣言》其实就继承的是这样一种精神："我们拒绝那错误的教义，就是认为在我们生活的某些领域中，我们不属于耶稣基督，而是属于其他的主，以为在这些领域我们不需要藉着他称义和成圣。"[15]

不过，对于那些不愿在这两种治理之间做出明确区别的人，加尔文给予了明确的批评。对于他来说，教会与世俗的政府分属于两个领域，他们在其各自的领域中发挥着完全不同的功能。对于那些在这一点上与他看法不同的人，他这样写道："在这个方面他们有误解，因为他们没有注意到在教会权力与世俗权力之间有何等大的不同与分别。因为教会没有用武力强制执行刑罚的权力，就是没有强制的权威，诸如关押等只有君王才有的权力。因此，这里不是违背犯罪人的意愿来惩罚他的问题，而是犯罪人在表示其悔改中进行的一种自愿的惩罚。这是截然不同的两个观念。适用于君王的权力不一定适用于教会；同样，教会施行的权力，不能由君王执行。"[16]

---

12 Peter Wyatt, *Jesus Christ and Creation in the Theology of John Calvin*, Wipf & Stock Publishing, 1996, p.148.

13 转引自 Wyatt, *Jesus Christ and Creation*, p.148-149.

14 Wyatt, *Jesus Christ and Creation*, p.149

15 Eberhard Busch, *The Barmen Theses Then and Now*, Grand Rapids: Eerdmans, 2010, 35

16 加尔文，《要义》，IV，11，3。（注 370 与 371 的译文根据英文有所调整）。

　　加尔文给出了一个十分明显的例子。"假定有一个人醉酒。在一个有良好秩序的城邦，拘留会是对他的惩罚。如果他是一个私通者，他所受到的刑罚如果不是类似，也会更重。这样，这个城市的法律、制度、及外显的公义才能得到满足。不过，就是这样，他很可能没有任何的悔改，而是满腹的抱怨。教会会满足于此吗？这样的人不能让其领受圣餐，否则是对基督及圣礼的侮辱。"[17]就是说，城邦的法律只能使那些在行为上有过失的人受到外在的惩罚。这种惩罚可以通过国家的强制性权力得到执行，使法律的正义得到伸张。但世俗权力的作用及局限也只限于此。它不可能使一个人在心中认罪。它也不可能因为一个人在心中不服而对其有怎样的惩罚。这些都只能是交给教会，它们都属于教会的权力进行治理的范围。

　　如上所说，加尔文把世俗政府也看作是上帝在这个世界中的代理人，拥有着对人及其社会进行管理的权威与手段。在这个意义上，世俗权力有其存在的独立地位。但为什么这种同样是来自于上帝的城邦权力在灵性的领域中就没有效力？一个重要的因素就是，所赋予政府的是一种强制性权力。这种权力的效力只在于对人外在行为的规范上，而不能触及到人的灵魂领域。其实严格说来，没有哪一种人的权力或者力量有能力深入到人的灵魂领域。而这也是人能够享受到心灵自由的基础。

　　正是因为世俗权力的这样一种局限，教会权力——同样也是来自上帝的赋予——在人的灵魂，以及与灵魂相关的教会事务上，就有其存在的独立地位。在这里，加尔文并没有把这种权力仅仅限定在人的心灵领域，而是比较突出在与人们心灵相关的所有教会的事务上。这个领域既包括教会中关于牧师、长老、执事的选定及其权力的实施，教会牧养事务的安排，同时也包括教会纪律的实行。所有这样事务都直接地涉及到上帝话语的教导，以及上帝的主权及其所设立的秩序在教会这个团体中，当然也就是在人的心灵中的落实。

三、政教的关系与彼此的责任

　　在加尔文那个时代，再洗礼派的影响也在迅速地扩大。重洗派对于世俗政权的态度可以从"施莱特海姆信条"（Schleitheim Confession, 1527 年）大致表明出来。其中的第六及第七条解释并论述了不参与世俗事务的信念："刀剑

17　加尔文，《要义》，IV，11.3。

是神在基督的完全之外所设立的。……基督徒不适宜作政府官员，理由如下：政府官员是按属肉体行事，但基督徒是按圣灵行事；他们的房屋与住处是在这世界，但基督徒却在天上；他们的公民权是在这世界，但基督徒的是在天上。"[18] 重洗派强调，政府虽然也是神所设立，但用新约的角度来看，却是"在基督的完全之外"。政府的设置并非神在创造世界时已经设立的创世秩序，而是人类堕落后的安排。因为人的堕落，所以需要政府在这些罪人中维持一种秩序，以免败坏的人类自相残杀，而导致社会混乱。由于是在人堕落后产生的政府，所以由罪人构成的政府自然有着自身的严重局限。而上帝之所以设立它，一方面表达了上帝对人的惩罚，另一方面也反映了上帝对人的怜悯。在这个方面来看，重洗派与奥古斯丁有着一致的地方：政府只是无法避免的恶而已。由于政府所存在的道德局限或者人的败坏，这个政府似乎又成为撒旦所特别使用的一种建制。正因为此，重洗派的主流思想都反对基督徒参与政治，或者担任政府官员，好像这样就会为撒旦所利用，成为撒旦的工具。

在再洗礼派的观念中，教会就是教会，它是一个神圣或者圣洁的群体，它与世俗世界有着明确的分别，因而它也应该与世俗的政府没有任何关系。再洗礼派在推进自己的宗教改革运动时，有较强的无政府主义的观念，同时拒绝与世俗政府有任何的合作，甚至可能会反抗政府对其改革运动所给予的压制。

在加尔文看来，因为人罪性的存在，政府是人现世社会生活中所必需的，就如食物与空气是人生活中的必需品一样："这在人间的政府与食物、水、太阳以及空气一样重要；事实上，它比这些东西有更高贵的尊荣。……我再说一次：属世的政府不仅仅在乎这些事情，他甚至禁止偶像崇拜、对神圣名的亵渎、对他真理的亵渎，并防止其他公开冒犯信仰的产生和扩散。这政府维护社会的治安、给各人保护财产的权利、叫人能够彼此顺利贸易往来、保守人与人之间的诚实和节制。简言之，这政府要确保基督徒能公开表达信仰，世人能行仁道。"[19] 政府不仅是必要的，同时也承担着两个方面的重要责任。由于加尔文把政府的职能与自然法（特别是十诫）联系起来，所以在他的理解中，政府有两个基本的功能。首先，与十诫的第一块法版相关，政府不仅要"禁止偶像崇拜、对神圣名的亵渎、对他真理的亵渎，并防止其他公开冒

---

18 转引自，麦格拉斯，《基督教神学手册》，480 页。
19 加尔文，《要义》，IV，20，3。

犯信仰的产生和扩散"，而且从更积极的角度看，"珍视和保护信徒对神公开的敬拜，为纯正的基督教教义以及教会的地位辩护。"[20] 这个方面，加尔文继承了自奥古斯丁以来对所谓君士坦丁式的基督教国家之职能所持的看法。简言之，政府不仅有保护教会的责任，同时也有维护纯正教义的责任。第二，与第二块法版相关，政府有在人类社会中维护公义、和平与秩序的责任。按照斯蒂文森的看法：政府的存在（而不是无政府状态），清楚地表明了上帝的护佑和眷顾的真实。[21]

不过，加尔文也意识到，人是有罪性的，尤其个人因为自己的罪性与缺点，是非常有限的，需要与其他人一起来承担上帝所托付的治理重任。因此他所倾向的政府组织形式是某种贵族政治或某种贵族政治和民主制的混合，因为只有这种形态提供了自我的约束、并使民众有一定的自由："且我既然完全承认，令众百姓最快乐的政府形态是某种自由与适当的约束相协调的组织，而这一切都立在稳固的根基之上，那么，我就认为那些在这种政府形态之下的人最为快乐；且他们若一直努力保持这形态，就与尽他们的本分毫无冲突。"[22] 只要是与其他人一起合作来执掌权力，参与权力的人就需要按照法律来约束自己的权力与自由。不受监督与约束的权力一定会导致败坏。只有治理者的权力受到一定约束，百姓的自由才能得到保障。而上帝设立权力的目的其实正是要保证他赐给百姓的权利与自由。对加尔文来说，这意味政府的治理需要依据法律，这法律是以自然律为其基础，而其目的就是公正："我们所说的'道德律'，只不过是以自然律及神雕刻在人里面的良心表现出来的神的律法。因此，我们所讨论的整个公正体系都是在神的律法中已经规定了的。所以，唯独公正是所有法律的目标、准则和限制。"[23]

对于那种认为教会与世俗政府没有什么关系的观点，加尔文是明确表达反对的。在涉及到两种关系的时候，加尔文特别突出这两种治理本是相互促进的，而不是相互为害的。对于加尔文来说，教会的治理"尽管与世俗的政治有很大的不同，但却不会对其产生任何的威胁与障碍，反到是有助于它。"

---

20 加尔文，《要义》，IV，20，2

21 William R. Stevenson, "Calvin and Political Issues", in *The Cambridge Companion to John Calvin*, ed. Donald K. McKim, Cambridge: Cambridge University of Press, 2004, 174.

22 加尔文，《要义》，IV，20，8。

23 加尔文，《要义》IV，20，16。

24 反之，世俗政府对国家的管理也会是有助于教会的治理的。换言之，这两种权力在各自领域的治理，尽管有领域的不同，以及治理方式的差别，但它们仍然有着彼此的关联，尤其是彼此促进的积极关系。

那么对于加尔文来说，这两者之间究竟有一种什么样的关系呢？一个十分出名的、加尔文常用的、用来描述教会与国家关系的比喻就是：两者之间似乎像是心灵与身体的关系：“每一个知道如何分辩身体与灵魂，如何分辩当下易逝之生命与将来永恒之生命的人，都会毫无困难地认识到，基督那属灵的国度与世俗的体制是完全不同的。”[25]作为身体中的灵魂部分，它应该能够作为这个国家、这个世俗社会的良知发挥其引导的作用。这也是它所特有的、不能够推辞的责任之一。特别是在国家治理机制出现问题时，作为国家与社会的良知，教会应该能够勇敢地指出，并帮助其进行调整。教会教导的信念应该成为人们社会生活中道德信念的基础。而教会的治理体制也应该对国家治理的体制有着积极的引导。

在涉及到教会与政府的相互关系时，特别是在谈论到双方彼此对于对方的责任时，出于当时对再洗礼派的批评，加尔文强调更多的是教会在这种关系中对于政府权威的服从：“民众对于他们政府的第一责任，就是高度尊重政府所具有的职责。这种职责应该被看作是上帝赋予的权力。在这个意义上，应该把他们当作是上帝的仆人和代表来给予尊重和敬畏。”[26]人们对于政府官员的尊重，其神学的基础在加尔文看来，乃是因为他们是上帝在这个世界中使用的仆人或者代理人。正是因为他们这样的身份或角色，他们应该得到人们的尊重。这种尊重既体现在内心中的尊重甚至敬畏，也一定需要通过其服从的行动体现出来：“民众既然倾心尊敬政府，就应当向他们表明自己的服从，或者是遵守他们的法令，或者是缴纳赋税，或者是承担公共事务，担负有关国防的责任，或者是遵守他们发布的其他命令。”[27]

当然，相对这些在各种处境下的服从行动，内心中真正的尊重与服从有时显得更加困难，因而也就更加重要。尤其是对那些受到人们批评的政府及其官员，要想在内心中保持对于他们的尊重与服从时常更加困难。人们在心

---

24 加尔文，《要义》，IV，11，1。（注 378 至 387 的译文根据英文有所调整）

25 加尔文，《要义》，IV，20，1。

26 加尔文，《要义》，IV，20，22。

27 加尔文，《要义》，IV，20，23。

中不服时，就难免有一些不自制的作为。就是针对这一点，他在这里所说的服从同时也包含了自身的节制在其中："在这种顺服之中，我也包括市民个人对于公共事务所当有的自制。他们不应有意地干涉公共事务，或者贸然地擅取政府部门的职责，或是政治性地承担任何事务。"[28]

这里经常被问到的一个问题就是：就是对于一个可能是不公正、不称职的政府及其官员，人们也要给予尊重与服从吗？对于这个问题的回答，加尔文又把我们带回到人们为什么要尊重与服从政府这个基本的神学问题上来了："因为对于君王和政府的服从，就是对授权给他们的上帝的服从。这里我不是在讨论那些人自身，好像一副尊严的面具可以掩盖无知、懒惰、及残暴，以及充满丑恶的道德行为一样，以致把当归于德行的赞美归给了邪恶。我是在说，那种秩序本身是值得我们尊重和敬畏的，无论治理者是谁，他们都是因其职份而得到尊重的。"[29]换言之，在加尔文看来，政府及其治理的体制其实是社会秩序的一种体现，而这种秩序被看作是上帝创造并给予护理之世界的秩序，既是上帝所设置的，就是应该被尊重的。这里反映出加尔文所有的上帝在这个世界及社会中拥有主权的观念。因此，既是对上帝及其所设立秩序的尊重，同时也是对上帝所设立之职务及其权力的尊重。这种尊重并不基于官员的品格及治理的能力上："对一切治理的人，不管他们人怎么样，我们都当存尊重的态度，以高度的敬重看待他们。因此我一再重复这一点：我们应当学会不再考查他们人怎么样，而是只求明白，他们所承担的角色，是出于主的旨意，正是这角色赋予了他们不可抹去的神圣尊严。"[30]

其次，人们之所以要尊重并服从那些可能是不公正不称职的政府官员，也是出于人们需要操练自己的敬虔与顺服。从内心中去尊重和服从一些可能是不公正不称职的政府官员，对于加尔文来说，首先是对人们敬虔之心的操练。因为只有当人不为自己的喜好所支配，只有当人在不顺的环境下不为各种抱怨所支配时，人才可能从所经历所看到的事件中，无论是顺利的还是不顺利的处境，看到上帝的作为。"不管这些官员是怎样的人，他们的权力都是唯一地来自于上帝。诚如那些为了公众利益而治理的人不过是他恩慈的证明和反映；同样，那些以不公正和不称职的方式来治理的人，也是他所兴起的，

---

28 加尔文，《要义》，IV，20，23。

29 加尔文，《要义》，IV，20，22。

30 加尔文，《要义》，IV，20，29。

以惩罚那民众的不义。这些都有来自上帝赋予的权力，以及由此而来的神圣权威。"[31] 另外，对于加尔文来说，对于可能是不公正不称职之政府官员的尊重与服从也是对人们顺服之心的操练。所谓顺服之心，就是当你即使是遇到不公正待遇的时候，你仍然能够服从。加尔文把这种顺服与基督教中所强调的儿女对父母、妻子对丈夫的顺服等同起来："[当父母或者丈夫不称职时]难道儿女就当少顺服父母，或者妻子就当少顺服丈夫吗？即使是后者没有负起责任甚至败坏，他们也仍然要顺服。人人都当不要专注于别人的本份，而要专注于自己的本份。特别是那些服在别人权下的，尤其要注意这一点。"[32] 这里不仅是让人们认识到，权力必须得到尊重，而且加尔文更为侧重的是，每个人都应当专注于自己的本份，而不是只关注别人的责任："但对于那民众来说，这被称为是权力，因为他们必须服从它而不是反抗它。这就如撒母耳所说，君王的意愿会超过界线，但限制他不是你的职份，你唯一要做的就是：服从他们的命令，倾听他们的话语。"[33]

总之，在加尔文的思想中，已经没有了神圣与世俗之分。教会与国家都在上帝的主权之下。它们之间的不同，只是上帝所赋权力及职责的不同。因为都有来自上帝所赋予的权力，它们各自有其独立存在的地位。也正因为都在同一位上帝的主权之下，这两种权力下的治理又应该是相互支持与促进的。

四、私人反抗理论

面对于一个不公正、不称职、甚至是暴政和不义的政府，加尔文总的原则是劝诫基督徒尊重上帝设立的秩序与权力，或者使用消极的反抗方式，而不是提倡暴力革命。对于加尔文这样一个重视圣经教导、强调秩序的人来说，顺服的思想还是占主导地位，而反抗之声相对来说是微弱的。因为在他的观念来看，顺服其实并不是对政府消极的服从，而是对基督积极的效法。不过，在《要义》政府论的最后的几节，他也谈到一种重要的例外情况，这带出他的思想中所谓政治反抗的一面。

当加尔文于 1559 年出版《要义》的拉丁文定稿本时，他首次在最后一章中写进了一段话，"若有百姓挑选的官员，职分就是为约束君王之专制（如在

---

31 加尔文，《要义》，IV，20，25。
32 加尔文，《要义》，IV，20，29。
33 加尔文，《要义》，IV，20，26。

古时候，五长官为约束斯巴达王而当选，或在罗马那百姓的法院负责约束执政官，或市区行政长官负责约束雅典人元老院的权威；或在我们的时代，召开议会时在各领域发挥作用的三级会议），我不但没有禁止他们照自己的职分反抗君王暴力、放荡的行为，我反而说他们对这些残忍压迫穷困百姓的君王睁一只眼、闭一只眼，这种懦弱的行为简直是邪恶的背叛，因他们不忠心地出卖了百姓的自由，而且他们知道保护这自由是神所交付他们的职分。"[34]按照加尔文，那些领受上帝所赋予相应官员之职务的人，他们当承担起监督政府履行责任的义务。他们对暴政的反抗正是在尽他们职分的责任，因为他们职分的责任就是保护百姓的自由。这段话被认为是加尔文认同下级官员反抗暴政的明确表达。

他从圣经角度给出的理由是，所有君王的计划与命令都在上帝的权柄之下，都要服从上帝自己的权威。因此如果他们的命令有违上帝的事，让人不服从上帝，那么君王的命令就没有效力。"根据这原则，虽然但以理拒绝顺服君王不敬虔的谕令，却说自己在王面前没有行过亏损的事（但 6：22-23），因为君王已经超越了范围，这样不仅冒犯人，也在神面前硬着颈项，等于是废除了他自己的权力。"[35]

斯金纳认为，这段话是加尔文由不反抗转向反抗的标志，是走向以宪法理论为反抗提出依据的关键步骤。因为两条证据都出现在 1559 年前后，并且后来他又多次谈到下级官员反抗的合法性，所以，他认为加尔文在 1560 年代由反对反抗转变为同意反抗。[36]这可能是因为受到法国第一次宗教战争的影响。在同时期的《但以理书注释》中，他曾写过这样一段话："当地上的君王起来反对上帝，他们就卸下了自己的权柄，并且不配算为一个人。无论何时，当他们如此不受约束，想要掠夺上帝的权柄，正如他们所做的，就是在抢夺上帝的宝座，要把上帝从天上拉下来，那么，我们就应该全然藐视他们，而不是顺从他们。"[37]基于这段文字，斯金纳教授认为加尔文在这里实际提出了"私人抵抗理论"（private-law theory）。这里"私人"是指当时的非"公职"人员，其实加尔文同意反抗的例外早在 1539 年版要义最后一章的 30 节中有

---

34 加尔文，《要义》，IV，20，31。

35 加尔文，《要义》，IV，20，32。

36 参见昆廷·斯金纳，奚瑞森、亚方译：《现代政治思想的基础》（下卷），译林出版社，2011 年，217-224 页。

37 Calvin, Comm. Daniel 6:22.

所体现："神在这里表现了他奇妙的善良，权能，和安排，因为他有时兴起他的一些仆人，为民众伸冤，授命他们刑罚那不义的君王，拯救那些被压迫的人民；有时又假手于那些别有用心之人的忿怒，来达成这一目的。"[38] 这一内容保留在之后几版《要义》当中。

在加尔文死后，于1565年以法文出版的《关于但以理书最后八章的布道集》一书中，他事实上再一次论述了同一个段落，显然是愿意接受其之前的推论。他再次坚持说，但以理"不服从王之举并非罪恶"，并列举事实作为他的理由："当君主声称不应事奉和荣耀神的时候"，那么"他们就不配再算作是君主"。这不仅被认为意味着"我们不再需要赋予他们任何新的权力"，而且此时加尔文十分明确地补充说，"当他们起来反抗神的时候"，那么"就有必要贬损他们了"。[39]

凯利对加尔文的这个观点有一个形象地描述："在门上开了一道缝。"[40] 就是说，为后来人们从私人抵抗理论进一步发展为公民基本权利的理论提供了可能的空间：既然在加尔文的时代有公职之人可以反抗独裁者，那么在后来的公民社会，其中每个人实际上成为相当于公职的公民，行使某种公民的权利，那么就可能直接应用到这个反抗理论中。不过，加尔文总的原则是不提倡暴力革命；而且，他所主张的反抗暴政是作为一种责任，而非现代政治理论将其当作是公民的一种基本权利。[41]

站在今天的角度看加尔文的政治理论，既有很多仍然有重要意义及启发的观念，同时也可以看到一些当时他那个时代带给他的局限。按照克利斯托夫·斯卓姆的分析，大致有如下四点：1）在政府所承担的责任中，惩治异端是基督教皇帝对罗马法的继承与一贯的遵守；加尔文因为其法学的教育背景，是知道这一点的。今天把这个自君士坦丁时代起就形成的传统看作是君士坦丁式的基督教国家之传统。2）与上一点相关联的是加尔文对旧约律法的看重。与路德相比，加尔文将摩西律法在社会生活的作用看的更加积极。这源于他将摩西律法看作是自然法的一种表达，而世俗法律又是建立在自然法的基础上。比如他认为可以从摩西律法得到一个原则，即支持用死刑对付异端

---

38 加尔文，《基督教要义》（1539年版），IV，20，30。

39 昆廷·斯金纳，奚瑞森、亚方译：《现代政治思想的基础》（下卷），306-308页。

40 格拉斯·F·凯利博士著，王怡、李玉臻译：《自由的崛起——16-18世纪，加尔文主义和五个政府的形成》，江西人民出版社，2008年，45页。

41 陈知纲：《加尔文的社会政治思想》，中国人民大学博士论文，2008。

分子的做法。这个方面他与贝撒有一致：上帝会因为人们容忍了错误的教导、偶像崇拜和亵渎而惩罚整个群体。3）加尔文与其他改革宗神学家一样，甚至与支持改革的天主教神学家一样，比较偏爱柏拉图哲学，认为真正的存有不是外在的和物质的，而是精神的和属灵的，因此将在精神和属灵层面上的冒犯上帝为严重的问题。4）在加尔文那个时代，他一直有宗教改革运动是在严重威胁下进行的感受，这种危机感被他的同胞在法国受到逼迫的经历，以及他自己在日内瓦背井离乡的不稳定状态所强化。这使得他的一些观点具有论战性或针对性。[42]

42 Christoph Strohm, "Calvin and Religious Tolerance", *John Calvin's Impact on Church and Society*, Grand Rapids: William B. Eerdmans Pub. Co., 2009, pp.175-191. 关于加尔文对异见者的不宽容，可以参见 W. Fred Graham, *The Constructive Revolutionary: John Calvin & His Socio-Economic Impact,* Richmond: John Knox Press, 1971, 161-171。

结语：一个时代的塑造者

　　上述几章的介绍，让我们特别看到加尔文在《要义》中所表达的思想，一方面为当时教会的宗教改革建立了神学理论上的基础，另一方面对当时的西方社会进入到现代有着重要的影响。他对西方社会进入到现代所产生的影响不亚于他对新教教会在神学建构方面的影响。不过，我们可以因此说加尔文就是一个社会改革家吗？当然这不是加尔文写这本的主要目标，也非他在日内瓦身体力行的主要目标。加尔文在日内瓦唯一的身份就是牧师。除了每周多次的讲道之外，他写的最多的就是圣经注释了。显然他是一位注重圣经的牧师，追求的是如何照上帝对他的呼召用上帝的话语去教导信徒，指导他们的信仰生活。他在日内瓦乃至世界的影响力是通过他在灵性上的影响发挥出来的。在这个意义，他的宗教改革思想也是通过灵性途径在教会中、及教会外的社会文化领域产生巨大影响。

　　不过，就如我们前面所说，简单地用"神学家"来描述他同样是远远不够的。卢梭在其《社会契约论》一书中也认为："那些只知道加尔文为神学家的人并没认识到他天才的广度。他为制定我们明智的法律所做出的极大贡献，并不比他的著作《基督教要义》的光荣有任何逊色。不论革命的时代会带给我们宗教什么东西，只要爱国和自由的精神不灭，对这个伟人的记忆就会永远受到祝福。"[1]他的宗教改革思想一方面确实是为教会所思所写，但又并非仅仅属于教会，好像与当时的思想及社会领域无关。相反，在许多研究加尔文的专家看来，加尔文宗教改革思想的影响已经超出了教会，影响到当时的思

1　Jean-Jacques Rousseau, *The Social Contract and Discourse on the Origin of Inequality*, ed., Lester G. Crocker (New York: Pocket Books, 1967), 44n.

想及社会公共领域，而且在实践上，直接推动了西方社会进入现代的社会运动，并因此在多个方面塑造了现代西方文明的形态。因此，在加尔文身上，我们看到这样的现象：上帝的圣言不只是在教会中更新着人的生命，指导着人的生活，也在人类社会生活的各个领域产生有生命力的影响。

在西方这个舞台上所演出的文化连续剧中，加尔文及其在日内瓦的宗教改革是其中重要的一幕。按照牛津教授麦格拉思所引用的德国宗教社会学家特洛尔奇的话来说，基督教在西方历史的两个转折点上转变或塑造了西方文化：托马斯·阿奎那的经院哲学在中世纪的支配性地位，以及进入现代的初期加尔文主义产生的巨大影响。

参考文献

一、加尔文、路德著作

1. John Calvin, *The Institutes of the Christian Religion*， John T. McNeill, ed. Ford Lewis Battles tr. Philadelphia: the Westminster Press, 1960.

2. John Calvin, *The Institutes of the Christian Religion*，Henry Beveridge tr.Grand Rapids, WM. B. Eerdmans Publishing Company,1962.

3. John Calvin, *Commentaries 22-Volume Set,* The Calvin Translation Society, ed. Grand Rapids: Baker Books,2005.

4. John Calvin, *Selected Works of John Calvin: Tracts and Letters*; 7 volumes; Henry Beveridge & Jules Bonnet, ed. Grand Rapids: Baker Book House, 1983.

5. Martin Luther, Luther's Work（LW）, Philadelphia: Muhlenberg Press, 1955-1986。*Martin Luther: Selections from His Writings*, John Dillenberger, ed. Garden City, N.Y.: Doubleday, 1961。

6. 加尔文，钱曜诚等译，孙毅、游冠辉修订，《基督教要义》，北京：三联书店，2010 年。

7. 加尔文，许牧世等译：《基督教要义》，香港：基督教文艺出版社，1995 年。

8. 加尔文，王志勇译，《敬虔生活原理》(《基督教要义》1536 年版)，三联书店，2012 年。

9. 加尔文，钱曜诚等译，孙毅编，《基督徒的生活》，北京：三联书店，2011 年。

10. 加尔文，《罗马书注释》，赵中辉、宋华忠译，台北：基督教改革宗翻译社，1995 年。

11. 加尔文，《基督徒生活手册》，赵中辉译，台北：基督教改革宗翻译社，1985 年。

12. 路德，《路德文集》(1-2 卷)，雷雨田、伍渭文主编，上海三联书店，2005。

13. 路德，《路德选集》，徐庆誉、汤清译，香港：基督教文艺出版社，1968。

14. 路德，约翰·加尔文著，吴玲玲译：《论政府》，贵阳：贵州人民出版社，2004 年。

二、英文研究文献

1. A. N. S. Lane, *A Reader's Guide to Calvin's Institute*， Grand Rapids: Baker Academic, 2009.

2. A.N.S. Lane, John Calvin, Student of the Church Fathers, Grand Rapids: Baker Books, 1999.

3. Alister E. McGrath，*The Intellectual Origins of the European Reformation*, Oxford: Blackwell, 1987.

4. Andrew Cornes, *Divorce and Remarriage: Biblical Principles and Pastoral Practice*, Grand Rapids: W.B. Eerdmans, 1993.

5. B. Hall, *John Calvin: Humanist and Theologian*， London: Philip, 1956.

6. David W. Hall & Peter A. Lillback, *Theological Guide to Calvin's Institutes: Essays and Analysis*， Phillipsburg P & R Publishing, 2008.

7. David E. Holwerda, *Exporing the Heritage of John Calvin*， Michigan: Baker Book House, 1976.

8. Dewey J. Hoitenga, Jr. *John Calvin and the Will.* Grand Rapids: Baker, 1997.

9. David C. Steinmetz, *Calvin in Context*, Oxford: Oxford University Press, 1995.

10. Edward A. Dowey, Jr., *Knowledge of God in Calvin's Theology*, New York: Columbia University Press, 1952.

11. Edward Dommen and James D. Bratt, ed. *John Calvin Rediscovered------ The impact of His Social and Economic Thought*, Westminster: John Knox Press, 2007.

12. F. Wendel, Calvin: The Origins and Development of his Religious Thought，Phlilp Mairet, tr. London: Collins, 1950.

13. Ford Lewis Battles & André Malan Hugo，Calvin's Commentary on Seneca's De Clementia. With Introduction, Translation, and Notes; Netherlands: E. J. Brill, 1969.

14. George H.Tavard, *the Starting Point of Calvin's Theology* [M]. Michigan: Wilian B. Eerdmans publishing company, 2000.

15. Harro Höpfl, ed., *Luther and Calvin on Secular Authority*, New York: Cambridge University Press, 1991.

16. Herman Kuiper Th. D., *Calvin on Common Grace*, Grand Rapids: Smitter Book Company, 1928

17. Jean-Jacques Rousseau, *The Social Contract and Discourse on the Origin of Inequality*, ed., Lester G. Crocker,New York: Pocket Books, 1967.

18. I. John Hesselink: *Calvin's first Catechism*: A Commentary , London: Westminster John Knox Press, 1997.

19. I. John Hesselink, *Calvin's Concept of the Law*, Pickwick Publication, 1992.

20. J.S. Whale, *The Protestant Tradition,* Cambridge: The University Press, 1955.

21. J. Todd Billings, *Calvin, Participation, and the Gift,* New york Oxford, University Press, 2007.

22. John Witte, JR., From Sacrament to Contract: Marriage, Religion, and Law in the Western Tradition, Louisville: Westminster John Knox, 1997,

23. John Witte, Jr., and Robert M. Kingdon, *Sex, Marriage, and Family in John Calvin's Geneva*, Grand Rapids: W.B. Eerdmans, 2005,

24. Jeffrey R. Watt, The Making of Modern Marriage: Matrimonial Control and the Rise of Sentiment in Neuchâtel, 1550-1800, Ithaca: Cornall University Press, 1992.

25. Martin Ernst Hirzel & Martin Sallmann，*John Calvin's Impact on Church and Society*, Grand Rapids: William B. Eerdmans Pub. Co., 2009.

26. Mary Poter Engel, *John Calvin's Perspectival Anthropology*, Atlanta: Scholars Press, 1988.

27. McKim, Donald K., ed. *The Cambridge Companion to John Calvin*. Cambridge: Cambridge University Press, 2004.

28. McNeill, J. T. *The History and Character of Calvinism*, Oxford: Oxford University Press, 1967

29. Menna Prestwick, *International Calvinism 1541----1715*, Oxford: Clarendon Press, 1985

30. Michael Parsons, Reformation Marriage: the Husband and Wife Relationship in the Theology of Luther and Calvin, Edinburgh: Rutherford House, 2005.

31. Paul Althaus，*The Ethics of Martin Luther*，Fortress Press, 1972.

32. Peter Wyatt，Jesus Christ and Creation in the Theology of John Calvin，Wipf & Stock Publishing, 1996,p.148.

33. Quirinus Breen, *John Calvin: A Study in French Humanism*, Grand Rapids: Wm. B. Eerdmans Publishing Company, 1931.

34. Randall C. Zachman, John Calvin as Teacher, Pastor, and Theologian, Grand Rapids: Baker Academic, 2006.

35. Richard A.Muller, *The Unaccommodated Calvin*, Oxford University Press, 2000.

36. Robert M. Kingdon, *Adultery and Divorce in Calvin's Geneva*, London: Cambridge, MA, 1995.

37. Robert M. Kingdon, Registers of The Consistory of Geneva in the Time of Calvin,Volume 1: 1542-1544, Grand Rapids, Wm.B.Eerdmans Publishing Company, 2000.

38. R. Stauffer, *the Humanness of John Calvin*，Nashville: Abingdon, 1971.

39. S. D. Rudnick,Created to Creator: Conceptions of Human Nature and Authority in Sixteenth Century England [M]. Ann Arbor: University Microfilms, 1963.

40. T. F. Torrance, *Calvin's Doctrine of Man*, London, Lutherworth Press, 1949.

41. Thomas H. L. Parker, *John Calvin: A Biography*; Philadelphia: The Westminster Press, 1975.

42. T. H. L. Parker, *Calvin's Doctrine of The Knowledge of God*, Grand Rapids: Wm. B. Eerdmans Publishing Company, 1959.

43. W. Fred Graham, The Constructive Revolutionary: John Calvin and His Socio-Economic Impact, Atlanta: John Knox Press, 1978.

44. William J. Bouwsma, *John Calvin: A Sixteenth Century Portrait* [M]. New York: Oxford University Press, 1988.

45. Wilhelm Niesel, *The Theology of Calvin,* Harold Knight tr. Philadelphia: The Westminster Press,1956.

46. W. Stanford Reid, *John Calvin: His Influence in the Western World* , Michigan: The Zondervan Corporation, 1982.

47. William R. Stevenson, "Calvin and Political Issues", in *The Cambridge Companion to John Calvin*, ed. Donald K. McKim, Cambridge: Cambridge University of Press, 2004

三、中文研究著作

1. 奥尔森著，《基督教神学思想史》，吴瑞成、徐成德译，北京：北京大学出版社，2003。

2. 奥古斯丁，吴飞译，《上帝之城》，上海三联书店，2009 年。

3. 奥古斯丁，《论自由意志：奥古斯丁对话录两篇》，成官泯译上海：上海人民出版社，2010。

4. 布鲁斯·雪莱，《基督教会史》，刘平译，北京：北京大学出版社，2004。

5. 布拉特著，赵忠辉译：《加尔文的生平与教训》，台北：基督教改革宗翻译社，1990。

6. 陈知纲:《加尔文的社会政治思想》,中国人民大学博士论文,2008。

7. 陈佐人,孙毅编,《加尔文与汉语神学》,香港:道风书社,2010。

8. 程新宇,《加尔文人学思想研究》,北京:中国社会科学出版社,2012。

9. 凡赫尔斯玛,《加尔文传》,王兆丰译,北京:华夏出版社,2006。

10. 格拉斯·F·凯利著,王怡、李玉臻译:《自由的崛起——16-18世纪,加尔文主义和五个政府的形成》,江西人民出版社,2008年。

11. 汉斯·昆,《基督教大思想家》,包利民译,北京:社会科学文献出版社,2001。

12. 胡斯都·L·冈察雷斯,《基督教思想史》,陈泽民、孙汉书、司徒桐、莫如喜、陆俊杰译,南京:金陵协和神学院,2002。

13. 华菲德:《神学家加尔文与今日加尔文主义》,台北:基督教改革宗翻译社,1984。

14. 海德格尔,《存在与时间》,陈嘉映等译,三联书店,1987年。

15. 康德,邓晓芒译,杨祖陶校,《纯粹理性批判》,人民出版社,2004年。

16. 刘林海,《加尔文思想研究》,北京:中国人民大学出版社,2006。

17. 刘友古,《伊拉斯谟与路德的宗教改革思想比较研究》,上海:上海人民出版社,2009。

18. 李平晔:《宗教改革与西方近代社会思潮》,北京:今日中国出版社,1992。

19. 林鸿信,《加尔文神学》,台北:礼记出版社,1999。

20. 林鸿信,《觉醒中的自由——路德神学精要》,香港:基督教文艺出版社。

21. 林荣洪,《属灵神学:倪柝声思想的研究》,香港:宣道出版社,2003年。

22. 梁家麟,《倪柝声:早年的生平与思想》,香港:巧欣有限公司,2005年。

23. 罗素,《西方哲学史》,何兆武,李约瑟译,北京:商务印书馆,1981年。

24. 马克斯·韦伯,于晓、陈维纲等译,《新教伦理与资本主义精神》,北京三联书店,2002年。

25. 麦格拉思,蔡锦图、陈佐人译,《宗教改革运动思潮》,北京:中国社会科学出版社,2009年。

26. 麦格拉思,《基督教神学手册》,台湾:校园书房出版社,1999年

27. 米拉德·J·艾利克森,蔡万生译,《基督教神学》,中华福音神学院出版社,2002年,355-56页。

28. 梅列日柯夫斯基,杨德友译:《宗教精神:路德与加尔文》,上海:学林出版社,1999。

29. 帕尔克，《加尔文传》，王怡方、林鸿信译，台北：道声出版社，2001。

30. 昆廷·斯金纳著，奚瑞森、亚方译，《近代政治思想的基础》，北京：商务印书馆，2002。

31. 斯蒂芬·茨威格，《异端的权利》，赵台安、赵振尧译，上海三联书店，1986 年。

32. 沃尔克著，孙善玲、段琪、朱代强译：《基督教会史》，北京：中国社会科学出版社，1979 年。

33. 许志伟，《基督教神学思想导论》，北京：中国社会科学出版社，2001。

34. 于可，《加尔文》，天津新蕾出版社，2000 年。

35. 曾立华，《教会职事的重寻与更新》，香港：建道神学院，1996 年。

36. 周伟驰，《奥古斯丁的基督教思想》，北京：中国社会科学出版，2005 年。

37. 朱孝远，《宗教改革与德国近代化道路》，人民出版社，2011 年。

四、中文研究论文

1. 崇明，"厌人类者"加尔文——论加尔文的人性学说，载于《浙江学刊》，2007 年第七期。

2. 程新宇，加尔文宗教改革的特点，载于《法国研究》，2003 年第二期；

3. 陈知纲，简析加尔文宗教改革的精神特质及成因，《社科纵横》，2008 年 08 期。

4. 陈知纲，加尔文撬起世界的支点——加尔文早期教育对其改教思想的影响，《湘潮》，2008 年 03 期。

5. 陈知纲，加尔文现代教育理念及其影响，《沈阳师范大学学报》，2008 年 02 期。

6. 陈璧生，加尔文——读《异端的权利》，《书屋》，2002 年 08 期。

7. 郭昭君，康德与柏林的两种自由观比较及其当代启示，载于《广西大学学报》，第 35 卷第四期。

8. 黄云明、黄华英，论韦伯对加尔文宗经济伦理思想的认识，《山东财经学院学报》，2012 年 04 期。

9. 刘林海、高中伟，试析加尔文在日内瓦宗教改革成功的外部原因，《西南民族学院学报》，2002 年 05 期。

10. 刘林海，论加尔文对现代自然科学的积极影响，《聊城大学学报》，2002 年 03 期。

11. 刘林海，论加尔文反抗世俗政权的思想，《北京师范大学学报》，2001 年 02 期。

12. 刘林海，分权与合作——加尔文的政教关系理论浅析，《常德师范学院学报》，2002 年 02 期。

13. 刘林海，路德派与加尔文派关于圣餐礼的论战，《学海》，2005 年 02 期。

14. 刘林海，加尔文与塞维图斯案——兼论宗教改革时期的信仰自由与宽容，《西南师范大学学报》，2005 年 04 期。

15. 刘莉莉，《顺服中的自由：从自由观解读加尔文的神学伦理》，中国人民大学硕士学位论文，2012。

16. 赖辉亮，关于自由意志的争论——从古希腊到文艺复兴，载于《中国青年政治学院学报》，2008 年第一期。

17. 李会军、王罡，加尔文的新教伦理及其启蒙意义，《西南交通大学学报》，2006 年 02 期。

18. 蒋宏，试析加尔文的政教分离思想，《文史月刊》，2012 年 3 期。

19. 潘颖，兹威格笔下的加尔文辩护，《赤峰学院学报》，2013 年 02 期。

20. 孙毅，基督教人性观在当代的发展，载于《世界宗教研究》，2007 年第四期。

21. 孙毅，论加尔文关于政教关系的原则，《西南民族大学学报》，2007 年 04 期。

22. 孙毅，论加尔文对律法功用的阐释，《宗教学研究》，2007 年第 4 期。

23. 孙毅，时代的塑造者——加尔文及其《基督教要义》，《读书》，2010 年 01 期。

24. 孙毅，论加尔文的良心观念，载于《宗教学研究》，2014 年第 1 期。

25. 孙毅，加尔文对灵魂功用的论述，载于《西南民族大学学报》，2014 年第 4 期。

26. 孙帅，加尔文与现代政治的秩序化，《世界宗教文化》，2014 年 06 期。

27. 石素英,加尔文《基督教要义》中"上帝形象"的概念，《基督教文化评论》，香港：道风书社，第二十一期。

28. 邵长虎，论加尔文教对欧洲资产阶级革命的影响，《喀什师范学院学报》，2011 年 02 期。

29. 舒昌善，知对抗暴力——卡斯特里奥对抗加尔文，《读书》，2012 年 04 期。

30. 伍志燕，加尔文论神权政府，《经济与社会发展》，2011 年 12 期。

31. 吴志辉，日内瓦宗教改革胜利之原因探析，《乐山师范学院学报》，2003 年 03 期。

32. 王敬平，"命定论"与加尔文"先定论"思想之比较，《史学月刊》，2007 年 09 期。

33. 王玲，试述加尔文"先定论"的产生及其积极意义，《黄山学院学报》，2002 年 04 期。

34. 席伟健；加尔文主义：现代性政治信仰基础的起源探析，《学术评论》，2012 年 10 期。

35. 徐晓宇，《康德的自由观及人学维度》，吉林大学博士论文，2012。

36. 谢志斌，恩典、文化与发展——一种加尔文主义文化观的阐释，《世界宗教文化》，2012 年 05。

37. 赵林，西方两大宗教改革家——路德与加尔文，《新东方》，1996 年 03 期。

38. 赵林，加尔文教的"两个国度"思想对西方宪政民主的深远影响，《求是学刊》，2010 年 01 期。

39. 张宏海，朱小明；加尔文改革对世俗政治的建构，《临沂大学学报》，2014 年 03 期。

40. 张晓毓，"从加尔文宗教改革看西方现代性起源"，载于《理论界》，2010 年第七期。

41. 曾金花、董竞，黑暗过后是光明——试析加尔文在日内瓦的教会道德法律统治，《内蒙古农业大学学报》，2007 年 05 期。

后　记

　　2007 年有机会去位于大激流城的加尔文大学，第一次将加尔文的《基督教要义》从头到尾读下来。若是从那时算的话，如今浸淫在加尔文的思想中已经有近十年的时间了。那次是跟着宗教学系的 Philip C. Holtrop 教授用了三个月的时间读完英文译本，有了之前读中文译本完全不同的体验，第一次让我意识到加尔文的这本书中有如此多的吸引人的地方。第二年再访加尔文大学的时候，又跟着神学院的 Richard A. Muller 教授用了一个学期的时间再读了一遍《要义》，这一次的进路与上次的有很多的不同，让我对加尔文的这本书的魅力有了更深层的体会。或许对加尔文以后时代的人来说，有些人可以是《要义》第一卷的神学家，有些人可以是第三卷、或者其他卷的神学家，只有加尔文是一至四卷的神学家。

　　加尔文本人有过很好的人文教育，受到伊拉斯谟思想方法的很多影响，让他的思想带着很强的智识传统。他就是带着这种智识的传统进入到宗教改革运动之中的。如果不是经历了那次不期而遇的"转向"，他可能会成为一个很好的学者。然而，他生命中所经历的那次"转向"，让他接触到了一个更深层的传统，就是通过圣经所记载的上帝之道承传下来的那种灵性传统。这两种传统的结合，使加尔文成为能够影响他那个时代的重要思想家。从加尔文的身上能够看到一个造就时代的重要思想家的特点：即能将他人无法整合在一起的两种彼此存在张力的传统完整地结合在一起。这体现在他的《要义》中，他能将柏拉图与奥古斯丁这两位他最为看重的思想家紧密地融合在一起，以至后来的研究学者只能够从某个进路进入到这个思想的殿堂之中。

　　如果说加尔文思想的魅力就在于他能够将似乎是彼此有张力的智识传统与灵性传统很好地结合在一起，那么这种结合并不是他在书房中通过有计划地思考所构建出来的，而是在一种甚至是他不愿主动进入的宗教改革的实践处境中完成的。如果没有那次没有意想到的"转向"，或许加尔文也还有可能写出如他第一本《塞内卡〈论仁慈〉注释》这种类型的著作，但他很有可能不会将其终生的精力用在了《圣经注释》方面。如果不是两次迫不得以来到日内瓦所开始的宗教改革实践，加尔文也可能不会终其一生地不断往他的《要义》上填加更为丰富的内容。每一种进路的研究方法和知识都是可以学习的，但要将它们整合在一起却是一个信仰的实践过程。有人认为加尔文及其改革宗的思想具有一种国际性，在不同的国家与地区都结出有生命力的果实，我想这也可能是因为加尔文在这个方面所做出的榜样：将一种学习来的智识传统与一种活的、源于上帝之道的灵性传统在当下的生活处境中进行融合。

本书并不是对加尔文《要义》的逐章逐节地解释，也不是对《要义》的系统化的研究。如果有这个方面的需要，可以在参考文献中找到几本这样的指导书。本书以对《要义》的研究为基础，试图以此为思想资源来回答我们所在处境中遇到了一些实际问题。因此本书每章的问题意识不是来自于《要义》本身，而是来自于我们信仰生活的处境。这决定了本书九章主题的选择不是因为考量到该主题在《要义》中的重要性，而是因为在我们当下处境中更为我们所关注，也因此没有覆盖《要义》全书极为丰富的内容。当把这些文章的主题放在一起的时候，我自己也有点惊讶地发现，其实我们今天所思考的那些问题，加尔文那一代人也都遇到过，并且在他的《要义》中也都能够发现或多或少的回应。

本书的某些章节数年之前已经作为文章在刊物上发表过。这次收归到本书中时，根据本书的框架、内容安排与格式而作了一些修改与调整。因为这些文章都是起因于某些具体的处境所带来的问题，所写的内容都是在当时思考的过程中所写的，因此尽管今天整理的时候有些补充与修改，但还是留下了当时思考过程中的印记。希望能够得到读者的批评与指正。

最后，感谢张欣博士的鼓励与督促，使得本书有可能成形，并放在这个系列中出版。

孙毅

修订于 2015 年 7 月 25 日